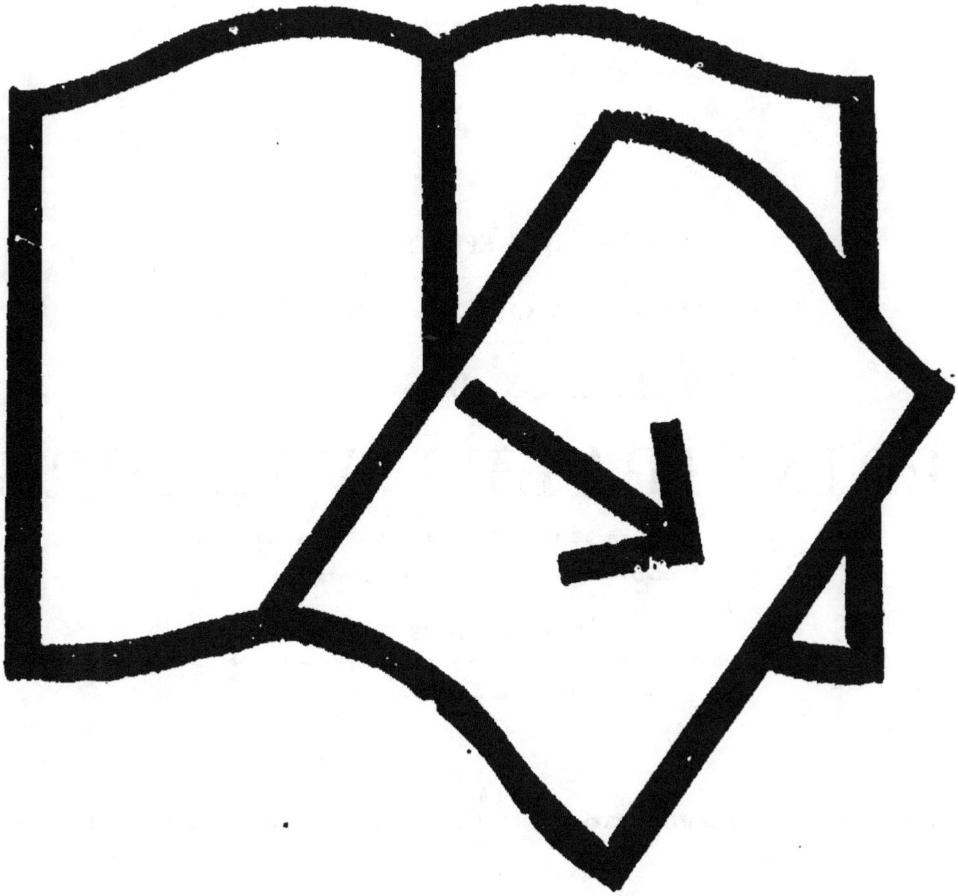

Couvertures supérieure et inférieure
manquantes

BOURSE DES EFFETS PUBLICS

PARIS — LYON — MARSEILLE

TABLEAUX DES COURS
DES
PRINCIPALES VALEURS.

Du 17 Janvier 1797 (28 Nivôse an V) à nos jours

RELEVÉS SUR LES DOCUMENTS OFFICIELS ET AUTHENTIQUES

PAR

ALPH. COURTOIS FILS

Membre de la Société libre d'Économie politique de Paris et du Congrès international de Statistique.

PARIS
LIBRAIRIE DE **GARNIER FRÈRES**, RUE DES SAINTS-PÈRES, 6, ET PALAIS-ROYAL, 215.
1862.

Traduction réservée. — Reproduction interdite.

PARIS. — IMPRIMERIE CENTRALE DE NAPOLÉON CHAIX ET Cⁱᵉ, RUE BERGÈRE, 20. — 2060.

PRÉFACE.

Les tableaux que nous offrons au public sont extraits des documents officiels et authentiques suivants : *Cours des effets commerçables à la Bourse de Paris*; — *Cours authentique de la Bourse de Paris*; — *Moniteur universel*; — Journal *le Commerce*; — *Cours Bresson*; — *Cours de Choisy* (ces deux derniers réunis sous l'intelligente direction de M. Desfossés);— *Cours authentique de la Bourse de Lyon*; — *Cours authentique de la Bourse de Marseille*, etc., etc.

Ils contiennent les plus hauts et les plus bas cours *au comptant* des principales valeurs négociées et cotées à Paris, Lyon et Marseille : — A Paris, depuis la reprise des négociations légales en numéraire seulement (il ne sera pas inutile de rappeler que ce ne fut qu'à partir du 22 septembre 1860 que les arrérages de la dette publique française furent intégralement soldés en numéraire); — à Lyon et à Marseille, depuis le 1ᵉʳ janvier 1857.

L'ordre dans lequel sont classées les valeurs comprises dans ces quarante tableaux importe au lecteur; il lui facilitera les recherches. Nous avons d'abord établi les deux grandes divisions de — Valeurs à revenu fixe, — et Valeurs à revenu variable.

La *première division* se compose des — fonds publics français, — fonds municipaux français, — fonds publics étrangers (parmi lesquels nous avons compris, par une exception unique, mais dont le lecteur appréciera l'opportunité, le 3 0/0 consolidés anglais, coté à Londres), — Obligations de Sociétés.

La *seconde division* comprend les actions des Sociétés suivantes : Banques, — Assurances maritimes, — Assurances contre l'incendie, — Assurances sur la vie, — Assurances diverses, — Chemins de fer, — Télégraphie électrique, — Canaux, — Voitures et Messageries, — Ponts et Ports, — Navigation fluviale et maritime, — Pêche, — Charbonnages, — Asphaltes, — Mines métallifères, — Établissements métallurgiques, — Fabriques d'ouvrages en métaux, bois ou pierre, — Entrepôts, Docks et Marchés, — Passages et Bazars, — Théâtres, — Exploitation de terrains ou bâtiments, — Éclairage au gaz, — Filatures, — Cuirs et Caoutchouc, — Papeteries, Journaux et Imprimeries, — Annonces, — Sucreries et Raffineries, — Savonneries, — Bains, Lavoirs et Distribution d'eau, — Exploitation de propriétés agricoles et industries qui en résultent, — Engrais et Vidanges, — Carrières, — Commerce d'outre-mer, — Manufactures de Porcelaine et Verreries, — Fabriques de Bougies et Stéarineries, — Produits chimiques, — Salines, etc., etc.

L'espace parcouru (1797 à 1861) par les quarante tableaux est subdivisé en treize périodes quinquennales.

Les deux premières périodes (1797 à 1801 et 1802 à 1806) remplissent le premier tableau; les cinq périodes suivantes (1807 à 1811, 1812 à 1816, 1817 à 1821, 1822 à 1826 et 1827 à 1831) occupent chacune un tableau; deux tableaux sont destinés à la huitième période (1832 à 1836); six à la neuvième (1837 à 1841); cinq à chacune des deux suivantes (1842 à 1846 et 1847 à 1851); sept à la douzième période (1852 à 1856); et enfin neuf tableaux à la treizième et dernière période (1857 à 1861).

Les colonnes sous la dénomination de REPÈRES servent à aider le lecteur à consulter ce recueil; à cet effet, chaque valeur a sur tous les tableaux sur lesquels elle figure le même numéro; nous avons également indiqué pour chaque valeur les plus hauts et plus bas cours faits depuis son apparition à la cote jusqu'à ce jour, par des caractères plus forts que ceux des autres cours.

Nous avons dû ne relever que les cours des HUIT CENTS PRINCIPALES VALEURS cotées à Paris, Lyon et Marseille. Une admission plus large, en amenant de la confusion, aurait été plus gênante qu'utile pour le lecteur.

Les points (.....) indiquent que la valeur dont il s'agit n'existait pas encore ou qu'elle n'était pas encore admise à jouir du bénéfice de la cote ; sous ce dernier rapport, nos recherches ne se sont pas arrêtées à la cote authentique, et quand des publications quotidiennes ont régulièrement donné les cours faits hors parquet, nous les avons relevés et compris dans nos tableaux. Ce qui précède a principalement trait aux fonds publics étrangers sous la Restauration et le commencement du règne de Louis-Philippe, aux valeurs industrielles de 1835 à 1841, aux actions des Compagnies de chemins de fer d'octobre 1844 à fin 1847, et à celles des Compagnies d'assurances.

Les guillemets (») expriment l'absence de cours cotés.

Nous n'avons rien négligé pour que la colonne *Dénomination des valeurs* fût claire et précise.

ERRATA.

ANNÉES.	REPÈRES.	LISEZ :		AU LIEU DE :	
		PLUS HAUT.	PLUS BAS.	PLUS HAUT.	PLUS BAS.
1831	79	87 1/2	72 1/2	97 1/2	72 1/2
1842	365	225 »	75 »	225 »	75 »
1842	547	800 »	800 »	»	»
1843	693	825 »	750 »	825 »	756 »
1844	693	1043 75	875 »	104 37	875 »
1847	108	84 »	84 »	84 »	»
1848	365	200 »	85 »	200 »	85 »
1850	41	1415 »	1250 »	141 50	1250 »
1853	414	595 »	595 »	595 »	525 »
1854	20	100 05	92 25	100 45	92 25
1854	347	10 0/0 b	9 0/0 b	10 0/0 p	9 0/0 b
1856	219	527 50	502 50	»	»
1859	42	1230 »	1195 »	1200 »	1095 »
1861	7	95 75	90 »	97 75	90 »

1797 à 1801.

REPÈRES.	PAIR OU TAUX de remboursement	DÉNOMINATION des VALEURS.	REPÈRES.	1797.		1798.		1799.		1800.		1801.		REPÈRES.
				plus haut.	plus bas.	plus haut.	plus bas.	plus haut.	plus bas.	plus haut.	plus bas.	plus haut.	plus bas.	
		VALEURS A REVENU FIXE.												
1	100	Inscriptions de rentes....................	1	36 75	6 50	7 25	6 51	....	....	....	....	....	....	1
2	100	5 0/0 (ancien tiers consolidé)............	2	....	....	24 25	9 »	22 50	7 »	44 »	17 37	68 »	39 50	2
61	100	Angleterre 3 0/0 consolidés (Bourse de Londres)...	61	56 1/2	47 1/2	58 »	47 1/4	59 »	52 5/8	67 1/4	60 »	70 »	54 1/4	61
		VALEURS A REVENU VARIABLE.												
247	50	Caisse des rentiers......................	247	....	....	....	....	59 »	30 »	30 50	18 »	100 »	30 »	247
248	1000	Banque de France.......................	248	....	....	....	....	....	....	....	....	1250 »	1170 »	248
249	1000	— Nouvelle émission..............	249	....	....	....	....	....	....	....	....	1260 »	1183 »	249

1802 à 1806.

REPÈRES.	PAIR OU TAUX de remboursement	DÉNOMINATION des VALEURS.	REPÈRES.	1802.		1803.		1804.		1805.		1806.		REPÈRES.
				plus haut.	plus bas.	plus haut.	plus bas.	plus haut.	plus bas.	plus haut.	plus bas.	plus haut.	plus bas.	
		VALEURS A REVENU FIXE.												
2	100	5 0/0.................................	2	59 »	50 15	66 60	47 »	59 75	52 20	63 30	51 90	77 »	60 45	2
61	100	Angleterre 3 0/0 consolidés (Bourse de Londres)...	61	70 »	65 »	72 »	50 1/4	59 7/8	55 3/4	62 »	57 »	64 3/8	58 1/2	61
		VALEURS A REVENU VARIABLE.												
247	50	Caisse des rentiers......................	247	60 »	32 »	40 »	40 »	....	....	....	....	....	....	247
248	1000	Banque de France.......................	248	1350 »	1147 50	1355 »	1010 »	1167 50	1030 »	1267 50	1150 »	1265 »	1072 50	248
592	1000	Trois vieux ponts sur Seine..............	592	....	....	....	....	....	....	1475 »	1230 »	1340 »	1285 »	592

1807 à 1811.

REPÈRES.	PAIR ou TAUX de remboursement.	DÉNOMINATION des VALEURS.	REPÈRES.	1807.		1808.		1809.		1810.		1811.		REPÈRES.
				plus haut.	plus bas.	plus haut.	plus bas.	plus haut.	plus bas.	plus haut.	plus bas.	plus haut.	plus bas.	
		VALEURS A REVENU FIXE.												
2	100	3 0/0	2	93 40	71 30	88 15	78 10	84 »	76 95	84 50	78 40	83 40	77 70	2
61	100	Angleterre 3 0/0 consolidés (Bourse de Londres)...	61	64 3/8	57 5/8	69 1/8	62 3/8	70 3/8	69 3/8	71 »	63 1/4	66 3/4	61 3/4	61
129	1000	Saxe. Emprunt 6 0/0 dit du roi de Saxe......	129	....	....	....	....	....	....	....	....	1010 »	1005 »	129
		VALEURS A REVENU VARIABLE.												
246	1000	Banque de France...............	246	1430 »	1210 »	1265 »	1210 »	1277 50	1185 »	1295 »	1221 25	1278 75	1215 25	246
250	1000	— Nouvelle émission...........	250	1295 »	1225 »	....	....	....	....	....	....	....	....	250
503	1000	Trois vieux ponts sur Seine.......	503	1345 »	1125 »	1160 »	920 »	985 »	940 »	965 »	843 »	900 »	835 »	503
617	»	Fonderies de Vaucluse...........	617	....	....	....	....	1700 »	1700 »	....	....	....	....	617
625	»	Actions Jabach.................	625	....	....	....	....	....	....	1100 »	1090 »	1095 »	1010 »	625

1812 à 1816.

REPÈRES.	PAIR OU TAUX DE REMBOURSEMENT.	DÉNOMINATION des VALEURS.	REPÈRES.	1812.		1813.		1814.		1815.		1816.		REPÈRES.
				plus haut.	plus bas.	plus haut.	plus bas.	plus haut.	plus bas.	plus haut.	plus bas.	plus haut.	plus bas.	
		VALEURS A REVENU FIXE.												
9	100	5 0/0................................	9	83 66	76 50	80 20	47 50	80 »	45 »	81 65	52 30	64 40	54 30	9
39	100	Rentes 5 0/0 de la ville de Paris.............	39	....	....	....	....	....	....	....	....	57 25	56 50	39
61	100	Angleterre 3 0/0 consolidés (Bourse de Londres)...	61	63 »	55 1/8	67 1/2	54 1/2	72 1/2	61 1/2	65 3/4	53 7/8	64 5/8	59 1/2	61
		VALEURS A REVENU VARIABLE.												
249	1000	Banque de France...............	249	1269 »	1205 »	1228 75	690 »	1225 »	470 »	1202 50	730 »	1160 »	1035 »	249
463	10000	Canal du Midi...................	463	12000 »	12000 »	»	»	»	»	»	»	»	»	463
503	1000	Trois vieux ponts sur Seine..........	503	870 »	805 »	835 »	812 50	910 »	780 »	950 »	820 »	900 »	835 »	503
515	»	Actions Jabach..................	515	1005 »	1000 »	990 »	990 »	....	....	....	....	....	....	515

1817 à 1821.

REPÈRES.	PAIR OU TAUX DE REMBOURSEMENT.	DÉNOMINATION des VALEURS.	REPÈRES.	1817. plus haut.	1817. plus bas.	1818. plus haut.	1818. plus bas.	1819. plus haut.	1819. plus bas.	1820. plus haut.	1820. plus bas.	1821. plus haut.	1821. plus bas.	REPÈRES.
		VALEURS A REVENU FIXE.												
2	100	5 0/0	2	69 »	55 05	80 »	60 »	72 15	64 65	79 60	70 10	90 65	78 15	2
3	100	Certificats d'emprunt 5 0/0	3	......	......	85 25	78 25	......	......	......	......	......	......	3
4	100	— —	4	......	......	......	......	......	......	......	......	93 05	84 85	4
39	100	Rentes 5 0/0 de la ville de Paris	39	70 »	57 »	77 »	67 50	»	»	76 50	76 50	82 75	81 65	39
40	1000	Ville de Paris, Obligat. 1815 6 0/0.. Emp. loterie.	40	1055 »	1005 »	1162 50	1055 »	1205 »	1080 »	1430 »	1190 »	1327 50	1200 »	40
45	1000	Ville de Bordeaux, Obligat. 1817 6 0/0. Emp. lot.	45	......	......	1085 »	1060 »	1050 »	1050 »	1175 »	1175 »	......	......	45
61	100	Angleterre. 3 0/0 consolidés. (Bourse de Londres).	61	84 1/4	62 »	82 »	73 »	79 »	64 7/8	70 1/4	65 5/8	78 3/4	68 3/4	61
75	100	Deux-Siciles (Naples). 5 0/0	75	......	......	85 50	82 50	73 25	65 50	65 »	65 »	74 »	65 »	75
79	100	— Obligations de Sicile...	79	......	......	......	......	......	......	......	......	72 »	71 »	79
		VALEURS A REVENU VARIABLE.												
249	1000	Banque de France	249	1490 »	1112 50	1680 »	1435 »	1552 50	1377 50	1590 »	1352 50	1605 »	1430 »	249
305	5000	C° royale d'assurances maritimes.......	305	80 0/0 b.	7 0/0 b.	90 0/0 b.	28 0/0 b.	20 0/0 b.	6 0/0 b.	10 0/0 b.	6 0/0 b.	2 0/0 b.	1 0/0 b.	305
306	1000	C° commerciale d'assurances...........	306	......	......	331/4 0/0 b.	22 0/0 b.	»	»	»	»	10 0/0 b.	10 0/0 b.	306
307	12500	C° d'assur. génér. maritimes. Actions nominatives.	307	......	......	3 1/2 0/0 b.	3 0/0 b.	24 0/0 b.	20 0/0 b.	22 0/0 b.	20 0/0 b.	22 0/0 b.	10 0/0 b.	307
308	1250	— — Actions au porteur...	308	......	......	......	......	16 0/0 b.	16 0/0 b.	»	»	12 0/0 b.	10 0/0 b.	308
326	500	C° d'assur. gén. contre l'incendie. Actions au porteur.	326	......	......	......	......	......	......	50 0/0 b.	21 0/0 b.	50 0/0 b.	30 0/0 b.	326
328	1000	C° française du Phénix. Assur. contre l'incendie	328	......	......	......	......	......	......	850 »	800 »	955 »	825 »	328
329	5000	C° royale d'assurances contre l'incendie...	329	......	......	......	......	......	......	7 0/0 b.	7 0/0 b.	17 0/0 b.	7 0/0 b.	329
502	1000	Trois vieux ponts sur Seine.............	502	910 »	870 »	1000 »	940 »	1000 »	935 »	1120 »	990 »	1320 »	1150 »	502

1822 à 1826.

REPÈRES.	PAIR OU TAUX & REMBOURS.	DÉNOMINATION des VALEURS.	REPÈRES.	1822. plus haut.	1822. plus bas.	1823. plus haut.	1823. plus bas.	1824. plus haut.	1824. plus bas.	1825. plus haut.	1825. plus bas.	1826. plus haut.	1826. plus bas.	REPÈRES.
		VALEURS A REVENU FIXE.												
2	100	5 0/0	2	95 »	83 85	93 65	75 50	104 80	93 »	106 25	90 50	101 05	95 75	2
4	100	Certificats d'emprunt 5 0/0	4	93 70	85 55	....	....	....	....	101 85	104 85	....	....	4
5	100	5 0/0, emprunt 1823	5	....	....	93 45	90 05	107 95	93 95	76 85	59 90	72 35	63 »	5
6	100	3 0/0 1825	6	....	....	....	....	....	....	103 50	99 65	95 25	90 »	6
7	100	4 1/2 0/0 1825	7	....	....	....	....	....	....	103 50	99 65	95 25	90 »	7
29	1250	Compagnie des 4 canaux. Omnium	29	1065 »	1000 »	1005 »	915 »	1290 »	1005 »	1242 50	1100 »	1155 »	1060 »	29
31	1250	Actions de capital	31	....	....	....	....	1030 »	1000 »	910 »	910 »	1012 50	875 »	31
31	2500	Canal de Bourgogne. Omnium	31	....	....	....	....	17 0/0 b.	3/4 0/0 b.	25 1/8 0/0 b.	14 0/0 b.	14 0/0 b.	14 0/0 b.	31
33	1000	Canal de la Somme. Actions de capital	33	....	....	....	....	1062 50	1060 »	....	....	....	....	33
39	100	Rentes 5 0/0 de la Ville de Paris	39	96 »	92 75	95 25	83 »	104 »	96 25	103 »	97 50	101 »	98 »	39
40	1000	Ville de Paris. Obligations 1816 60/0. Emprunt loterie	40	1300 »	1230 »	1315 »	1190 »	1415 »	1305 »	1415 »	1375 »	1410 »	1342 50	40
61	100	Angleterre 3 o/o consolidés (Bourse de Londres)	61	83 »	75 3/8	83 3/4	72 »	96 7/8	84 3/4	94 1/4	75 »	81 1/2	73 7/4	61
62	100	Autriche 5 0/0. Métalliques	62	....	....	82 »	79 1/2	97 20	81 3/4	» »	» »	» »	» »	62
63	100	— Obligations 15.0. avec prime	63	....	....	....	....	350 »	330 »	....	....	....	....	63
69	100	Bade. — Obligations partielles. Emprunt loterie	69	....	....	78 1/4	116 »	136 »	120 »	135 »	135 »	....	....	69
75	100	Deux-Siciles (Naples) 5 o/o	75	81 1/4	66 »	78 1/2	65 1/2	98 1/2	78 7/8	91 80	70 »	79 70	70 »	75
79	100	— Obligations de Sicile	79	83 1/2	66 »	82 1/2	71 »	94 1/2	85 3/4	89 05	83 4/4	83 »	71 »	79
80	100	— 5 0/0 Certificats français	80	....	....	....	....	103 »	87 »	91 70	71 75	78 80	69 75	80
81	100	— 5 0/0 Rothschild 1821	81	....	....	....	....	94 1/1	91 30	94 »	90 1/2	74 4/4	73 40	81
82	100	Espagne 5 0/0 (Cortès française)	82	....	....	83 »	34 »	27 1/4	14 »	81 1/4	10 »	6 »	» »	82
83	100	— 5 0/0 (Guebhard)	83	....	....	60 1/2	17 1/2	67 1/2	52 »	62 »	46 1/4	56 »	42 »	83
84	100	— 5 0/0 (Cortès anglais)	84	....	....	....	....	23 »	17 3/4	19 »	14 »	....	....	84
85	100	— 5 0/0 Perpétuel 1824	85	....	....	29 »	25 1/2	....	....	....	....	45 »	40 »	85
105	1000	Haïti. Emprunt 1825 (Annuités)	105	....	....	....	....	....	....	857 50	750 »	800 »	635 »	105
110	1000	Portugal 5 0/0 1823	110	....	....	88 1/8	88 »	87 3/4	87 3/4	....	....	....	....	110
112	100	Prusse. Obligations de 1823	112	....	....	....	....	85 3/4	88 1/1	....	....	....	....	112
125	1000	Obligations 4 0/0 de la Caisse hypothécaire	125	....	....	....	....	....	....	495 »	495 »	435 »	435 »	125
		VALEURS A REVENU VARIABLE.												
249	1000	Banque de France	249	1653 75	1520 »	1652 50	1415 »	2045 »	1613 »	2225 »	1960 »	2090 »	1980 »	249
252	1000	Caisse hypothécaire	252	....	....	....	....	....	....	1160 »	995 »	995 »	820 »	252
305	5000	Cie royale d'assurances maritimes	305	2 0/0 b.	2 0/0 b.	....	....	....	....	» »	» »	» »	» »	305
307	12500	Cie d'assur. génér.-maritimes. Actions nominatives	307	....	....	....	....	15 0/0 b.	15 0/0 b.	» »	» »	» »	» »	307
309	1250	— Actions au porteur	309	Pair.	Pair.	Pair.	Pair.	....	....	» »	» »	» »	» »	309
304	500	Cie d'assur. génér. contre l'incendie. Actions au port	304	....	....	10 0/0 b.	10 0/0 b.	40 0/0 b.	40 0/0 b.	» »	» »	» »	» »	304
325	1000	Cie française du Phénix. Assurances contre l'incendie	325	910 »	875 »	1100 »	900 »	1300 »	1200 »	1525 »	1300 »	1250 »	1100 »	325
329	5000	Cie royale d'assurances contre l'incendie	329	....	....	....	....	8 0/0 b.	8 0/0 b.	» »	» »	17 0/0 b.	17 0/0 b.	329
348	750	Cie d'ass. gén. sur la vie des hommes. Act. au port	348	8 0/0 b.	8 0/0 b.	» »	» »	25 0/0 b.	25 0/0 b.	» »	» »	» »	» »	348
463	5000	Canal d'Aire à la Bassée	463	....	....	5000 »	5000 »	6000 »	5300 »	5750 »	5600 »	» »	» »	463
464	Néant.	Cie des 4 canaux. Actions de jouissance	464	....	....	....	....	200 »	50 »	150 »	110 »	102 50	80 »	464
465	10000	Canal de la Sensée	465	....	....	....	....	17000 »	17000 »	....	....	....	....	465
466	Néant.	Canal du Rhône au Rhin. Actions de jouissance	466	....	....	....	....	....	....	610 »	560 »	» »	» »	466
503	1000	Trois vieux ponts sur Seine	503	1400 »	1400 »	1525 »	1390 »	1656 »	1650 »	1875 »	1855 »	1850 »	1825 »	503
699	»	Gaz. Compagnie Pauwels	699	....	....	....	....	....	....	1020 »	1020 »	» »	» »	699

1827 à 1831

REPÈRES	PAIR ou TAUX de remboursement	DÉNOMINATION des VALEURS.	REPÈRES	1827 plus haut.	1827 plus bas.	1828 plus haut.	1828 plus bas.	1829 plus haut.	1829 plus bas.	1830 plus haut.	1830 plus bas.	1831 plus haut.	1831 plus bas.	REPÈRES
		VALEURS A REVENU FIXE.												
2	100	5 0/0............................	2	104 70	98 50	109 »	101 25	110 65	106 50	109 85	84 50	98 80	74 80	2
6	100	3 0/0, 1825......................	6	73 70	66 15	76 10	65 80	85 10	73 95	85 35	55 »	70 50	46 »	6
7	100	4 1/2 0/0, 1825..................	7	95 10	89 50	100 50	91 »	105 50	100 25	108 »	80 50	90 80	72 »	7
9	100	4 0/0, 1830......................	9							103 40	72 »	82 75	66 »	9
	100	Emprunt 5 0/0, 1831...............										93 »	80 »	
29	1250	C⁰ des 4 canaux. Omnium..........	29	1107 50	1068 »	1210 »	1087 50	1282 50	1193 »	1290 »	1140 »	1040 »	865 »	29
30	1250	Actions de capital...............	30	1075 »	1000 »	1135 »	1032 50	1227 50	1140 »	1230 »	910 »	1035 »	770 »	30
31	2500	Canal de Bourgogne. Omnium.......	31	6 1/4 0/0 b.	5 0/0 b.	9 1/4 0/0 b.	3 1/2 0/0 b.	23 1/2 0/0 b	23 1/2 0/0 b	»	»	»	»	31
32	1000	Canal de la Somme. Actions de capital	32	»	»	»	»	»	»	»	»	520 »	520 »	32
33	4000	Canal de Bourgogne. Actions de capital	33	»	»	1035 »	967 50	1110 »	1060 »	1110 »	870 »	912 50	735 »	33
35	1000	Canal d'Arles à Bouc. Actions de capital	35	»	»	1065 »	1062 50	»	»	»	»	»	»	35
36	1000	Canal des Ardennes. Actions de capital	36	»	»	»	»	»	»	760 »	760 »	740 »	680 »	36
37	1250	Navigation de l'Oise. Actions de capital	37	»	»	»	»	»	»	»	»	925 »	840 »	37
39	100	Rentes 5 0/0 de la ville de Paris.	39	103 »	99 »	103 50	100 25	106 »	104 »	105 30	91 50	97 60	78 »	39
40	1000	Ville de Paris. Oblig. 1816, 60/0. Emprunt loterie.	40	1560 »	1400 »	1655 »	1480 »	1630 »	1610 »	»	»	»	»	40
61	100	Angleterre, 3 0/0, consolidés (Bourse de Londres)	61	89 1/2	76 3/4	88 3/8	80 7/8	94 1/4	85 5/8	91 1/4	77 1/2	84 3/4	74 7/8	61
69	100	Autriche, 5 0/0. Métalliques......	69	79 70	72 70	81 40	74 »	94 70	77 75	94 40	55 »	83 75	53 »	69
79	100	Deux-Siciles (Naples), 5 0/0.....	79	83 1/2	78 1/2	87 1/2	80 1/2	96 1/2	90 1/8	95 1/2	91 1/2	97 1/2	72 1/2	79
81	100	— 5 0/0 Certific. français......	81	79 60	72 50	80 25	74 50	»	»	»	»	»	»	81
82	100	— 5 0/0 Rothschild, 1824.........	82	77 40	77 40	»	»	»	»	»	»	»	»	82
83	100	Espagne, 5 0/0 (Cortès)..........	83	13 1/2	8 »	9 1/4	6 1/2	7 5/8	4 1/2	21 1/8	7 1/2	18 »	9 »	83
95	100	— 5 0/0 (Guebhard)..............	95	69 1/2	47 1/2	81 1/4	65 1/2	85 »	66 1/2	91 1/2	44 3/4	80 1/4	57 3/4	95
102	100	— 5 0/0, perpétuel 1824..........	102	47 1/2	39 1/2	53 1/2	44 3/4	67 5/8	42 3/4	84 5/8	35 1/2	60 3/4	41 1/2	102
103	1000	Rolli, emprunt 1825............... (Annuités)	103	700 »	500 »	695 »	450 »	585 »	340 »	570 »	290 »	340 »	190 »	103
125	1000	Obligations 4 0/0 de la Caisse hypothécaire.....	125	480 »	400 »	515 »	412 50	490 »	480 »	»	»	»	»	125
		VALEURS A REVENU VARIABLE.												
246	1000	Banque de France.................	246	2030 »	1925 »	1935 »	1777 50	1920 »	1765 »	1920 »	1462 50	1850 »	1390 »	246
250	1000	Caisse hypothécaire...............	250	920 »	745 »	805 »	665 »	665 »	420 »	760 »	490 »	580 »	470 »	250
307	1250	C⁰ d'assur. génér. maritimes. Actions nominatives	307	2 0/0 b.	2 0/0 b.	»	»	»	»	»	»	»	»	307
308	1250	— Actions au port...............	308	»	»	»	»	10 0/0 p.	10 0/0 p.	»	»	5 0/0 p.	5 0/0 p.	308
316	500	C⁰ d'assur. gén. contre l'incendie. Actions au port	316	»	»	»	»	»	»	»	»	»	»	316
321	4000	C⁰ française du Phénix........... Ass. incendie.	321	1150 »	1050 »	1001 25	970 »	1200 »	1010 »	1280 »	1175 »	1000 »	1000 »	321
319	5000	C⁰ royale d'assurance contre l'incendie.	319	21 0/0 b.	21 0/0 b.	»	»	»	»	30 0/0 b.	30 0/0 b.	»	»	319
340	5000	L'Union.......................... Ass. incendie.	340	»	»	8 1/4 0/0 b.	6 0/0 b.	3 1/4 0/0 b.	1 0/0 b.	»	»	»	»	340
345	750	C⁰ d'ass. gén. sur la vie des hommes. Act. nu port.	345	»	»	»	»	6 1/4 0/0 b.	2 3/4 0/0 b.	»	»	»	»	345
350	5000	L'Union.......................... Ass. sur la vie.	350	»	»	»	»	»	»	»	»	»	»	350
462	5000	Canal d'Aire à la Bassée.........	462	»	»	»	»	»	»	»	»	»	»	462
464	néant.	Canal de la Sensée...............	464	65 »	50 »	65 »	38 75	85 »	62 50	72 50	40 »	45 »	35 »	464
466	néant.	Canal du Rhône au Rhin. Act. de jouissance.	466	»	»	»	»	16000 »	16000 »	»	»	»	»	466
467	néant.	Canal de Bourgogne. Act. de jouissance.	467	300 »	300 »	40 »	40 »	70 »	60 »	50 »	30 »	»	»	467
503	1000	Trois vieux ponts sur Seine......	503	1906 »	1890 »	1890 »	1800 »	1905 »	1880 »	1900 »	1700 »	1050 »	1050 »	503
689		Gaz, Compagnie Pauwels...........	689	350 »	300 »	»	»	»	»	»	»	»	»	689
814	5000	C⁰ des Salines et Mines du sol de l'Est.	814	16 0/0 b.	12 1/2 0/0 b.	5 0/0 b.	pair.	4 0/0 p.	21 1/2 0/0 p.	»	»	10 0/0 p.	20 0/0 p.	814

1832 à 1836.

REPÈRES.	PAIR OU TAUX DE REMBOURSEMENT	DÉNOMINATION des VALEURS.	REPÈRES.	1832. plus haut.	1832. plus bas.	1833. plus haut.	1833. plus bas.	1834. plus haut.	1834. plus bas.	1835. plus haut.	1835. plus bas.	1836. plus haut.	1836. plus bas.	REPÈRES.
		VALEURS A REVENU FIXE.												
2	100	5 0/0...	2	99 85	92 »	105 50	99 65	107 »	103 70	110 30	106 40	110 30	103 30	2
5	100	3 0/0, 1825....................................	5	71 »	62 »	80 50	70 »	80 »	73 60	82 35	76 75	82 20	76 85	5
7	100	4 1/2 0/0, 1825..............................	7	94 50	88 »	101 80	89 50	101 80	99 »	102 25	99 80	103 50	100 50	7
10	100	4 0/0, 1830...................................	10	81 25	79 »	93 40	85 25	91 40	90 50	100 »	93 40	101 »	97 75	10
11	100	Emprunt national 5 0/0...................	11	100 »	93 40	105 25	99 30	106 60	103 80	109 50	100 60	110 05	107 25	11
12	100	Emprunt 1832, 5 0/0.......................	12	100 55	95 30	105 60	99 90	....	....	....	....	....	....	12
25	1250	Cie des 4 canaux. Omnium..............	25	1082 50	970 »	1172 50	1077 50	1185 »	1138 15	1232 50	1167 50	1250 »	1190 »	25
29	1250	— Actions de capital	29	1080 »	950 »	1047 50	973 »	1032 50	1020 »	1099 »	1027 50	1085 »	1030 »	29
32	1000	Canal de Bourgogne. Actions de capital	32	950 »	900 »	1032 50	1032 50	»	»	1080 »	1050 »	1065 »	1065 »	32
33	1000	Canal d'Arles à Bouc. Actions de capital	33	»	»	1032 50	1032 50	»	....	1215 »	1200 »	1235 »	1195 »	33
35	1250	Cie des 3 canaux..... Actions de capital	35	»	»	»	»	....	....	1215 »	1200 »	1235 »	1195 »	35
39	100	Rentes 5 0/0 de la ville de Paris.......	39	99 40	93 30	104 »	99 »	104 70	101 »	106 50	102 50	104 75	102 »	39
41	1000	Ville de Paris, Obligat. 1832, 4 0/0. Emprunt loterie.	41	1025 »	1050 »	1155 »	997 50	1383 »	1120 »	1330 »	1250 »	1270 »	1165 »	41
61	100	Angleterre, 3 0/0 consolidé. (Bourse de Londres.)	61	85 3/4	81 5/8	94 1/4	84 1/4	93 »	87 1/2	92 5/8	89 1/4	93 1/4	86 5/8	61
62	100	Autriche, 5 0/0 métalliques............	62	»	»	»	»	92 »	»	102 3/8	99 »	»	»	62
		— lots de 1821.... Emprunt loterie						800 »	»	815 »	801 05	815 »	800 »	
65	100	3 0/0 métalliques..........................	65	»	»	»	»	....	....	76 5/8	76 1/8	76 1/4	74 1/4	65
70	100	Belgique, 5 0/0 1831......................	70	»	»	99 1/4	77 1/2	101 1/2	96 1/2	103 »	98 1/8	105 »	99 »	70
71	100	4 0/0..	71	79 3/4	72 1/2	»	»	....	....	»	»	94 1/8	94 1/8	71
75	100	Deux-Siciles (Naples), 5 0/0...........	75	83 »	73 50	94 40	82 75	97 80	90 30	99 80	93 30	103 »	92 91	75
76	100	— Obligations de Sicile	76	84 3/4	83 3/4	98 »	92 »	97 »	95 »	»	»	»	»	76
82	100	Espagne 5 0/0 (Cortès....................	82	14 1/2	10 »	23 »	12 1/4	55 »	48 »	53 »	29 7/8	38 1/4	37 1/4	82
83	100	— 5 0/0 (Guebhardt	83	83 7/8	70 1/2	91 1/8	78 »	88 »	22 »	81 3/8	30 1/2	40 1/4	31 »	83
84	100	— 5 0/0 perpétuel, 1824	84	39 5/8	30 »	87 »	52 1/2	79 7/8	26 3/4	81 3/4	29 7/8	40 1/4	33 »	84
85	100	— 5 0/0, 1831	85	33 3/4	29 3/8	48 1/4	31 3/4	50 »	19 1/2	35 1/4	18 1/4	23 1/2	21 4/4	85
88	100	— dette différée, 1831	88	»	»	»	»	16 »	11 1/4	27 1/4	12 »	19 3/8	7 »	88
89	100	— dette différée, 1834	89	»	»	»	»	28 1/2	12 »	33 »	14 »	26 1/8	7 5/8	89
90	100	— 5 0/0, dette active, 1834	90	»	»	»	»	....	....	70 7/8	36 »	53 »	17 1/4	90
92	100	— dette passive, 1834	92	»	»	»	»	....	....	20 1/2	40 »	17 »	7 »	92
101	100	Grèce, 5 0/0, Omnium....................	101	»	»	108 1/2	100 1/2	104 1/2	104 1/2	»	»	101 »	101 »	101
102	100	— 5 0/0, 1832. Français	102	»	»	»	»	102 1/2	101 »	102 »	102 »	101 »	101 »	102
103	100	— 5 0/0, 1832. Russe	103	»	»	»	»	102 1/4	102 »	»	»	»	»	103
105	1000	Haïti. Emprunt 1825...... (Annuités)..	105	240 »	195 »	300 »	205 »	291 50	260 »	490 »	280 »	425 »	335 »	105
107	100	Hollande, 2 1/2 0/0........................	107	»	»	»	»	55 55	51 40	59 45	54 20	58 50	55 »	107
110	100	Portugal, 5 0/0..............................	110	»	»	»	»	....	....	»	»	104 3/4	100 1/4	110
111	100	— 5 0/0, 1832. (Obligations miguélistes)	111	»	»	»	»	28 1/2	21 »	28 1/2	19 »	21 »	13 »	111
112	100	— 5 0/0, 1833. (Obligations pédristes)	112	»	»	»	»	88 »	79 1/4	101 3/4	82 1/2	83 1/4	43 »	112
113	100	— 5 0/0, 1834. (Obligations pédristes)	113	»	»	»	»	97 1/2	92 1/2	108 »	83 1/4	»	»	113
114	100	Prusse, lots de 1831...... Emprunt loterie	114	»	»	»	»	227 50	215 »	247 50	215 »	235 »	220 »	114
119	100	Rome, 5 0/0.................................	119	83 1/2	77 »	93 1/4	79 »	98 »	90 3/4	104 1/4	94 3/4	105 »	94 »	119
122	1000	Sardes (États), Piémont. Obl. 1831. Empr. loterie.	122	»	»	»	»	1252 50	1195 »	1230 »	1122 50	1153 50	1050 »	122
125	1000	Obligations 4 0/0 de la Caisse hypothécaire	125	»	»	»	»	....	....	520 »	492 50	505 75	490 »	125
144	100	Obligations de la Banque des États-Unis.	144	»	»	»	»	....	....	»	»	101 1/2	100 »	144

1832 à 1836. *(Fin.)*

REPÈRES.	PAIR OU TAUX DE REMBOURSEMENT	DÉNOMINATION des VALEURS.	REPÈRES.	1832. plus haut.	1832. plus bas.	1833. plus haut.	1833. plus bas.	1834. plus haut.	1834. plus bas.	1835. plus haut.	1835. plus bas.	1836. plus haut.	1836. plus bas.	REPÈRES.
		VALEURS A REVENU VARIABLE.												
248	1000	Banque de France............	248	1700 »	1595 »	1610 »	1635 »	1825 »	1697 50	2200 »	1755 »	2355 »	2185 »	248
252	1000	Caisse hypothécaire............	252	585 »	500 »	597 50	537 50	655 »	565 »	722 50	607 50	800 »	700 »	252
253	1000	Banque de Marseille............	253	....	....	....	....	....	....	....	....	1250 »	1185 »	253
254	1000	Banque de Bordeaux............	254	....	....	....	....	....	....	....	....	1960 »	1945 »	254
255	1000	Banque de Lille............	255	....	....	....	....	....	....	....	....	1150 »	1110 »	255
293	1000	Banque de Belgique. Émission de 1835....	293	....	....	....	....	....	....	1230 »	1090 »	1340 »	1126 25	293
293	1000	Banque foncière de Belgique........	293	....	....	....	....	....	....	1008 25	967 50	....	....	293
294	1000	Soc. des cap. réunis sous un taux de mutualité industr.	294	....	....	....	....	....	....	....	....	1130 »	1120 »	294
301	2700	Banque romaine...........	301	....	....	....	....	2700 »	2700 »	2000 »	2150 »	....	....	301
302	12500	C⁰ d'ass. génér. maritimes. Actions nominatives..	302	»	»	»	»	»	»	24 0/0 b.	24 0/0 b.	»	»	302
303	1250	— — Actions au porteur...	303	»	»	»	»	»	»	»	»	»	»	303
305	500	Sécurité....... Assurances maritimes	305	»	»	»	»	»	»	»	»	13 1/2 0/0 b.	9 0/0 b.	305
326	500	C⁰ d'ass. gén. contre l'incendie. Actions au port.	326	»	»	»	»	»	»	»	»	»	»	326
328	1000	C⁰ franç. du Phénix. Assurances contre l'incendie	328	1010 »	980 »	1050 »	999 »	1015 »	1015 »	1025 »	1020 »	1032 50	1000 »	328
329	5000	C⁰ royale d'assurances contre l'incendie.......	329	43 0/0 p.	10 0/0 p.	»	»	»	»	»	»	15 0/0 b.	10 0/0 b.	329
330	5000	l'Union......... Assurances incendie..	330	....	....	....	....	....	....	Pair.	Pair.	1/2 0/0 b.	Pair.	330
331	1000	Salamandre. Gouin, Salzeel C⁰, Leroux de Laus et C⁰	331	....	....	....	....	....	....	....	....	»	»	331
332	6000	Le Soleil........ Assurances incendie.	332	....	....	....	....	....	....	41 0/0 p.	14 0/0 p.	»	»	332
333	5000	L'Alliance. Delaguepière et C⁰...	333	....	....	....	....	....	....	....	....	2 0/0 b.	Pair.	333
334	5000	la France..........	334	....	....	....	....	....	....	....	....	4 1/4 0/0 b.	2 0/0 b.	334
348	750	C⁰ d'ass. gén. sur la vie des hommes. Act. au port	348	»	»	»	»	»	»	»	»	»	»	348
350	5000	L'Union........ Assurances sur la vie.	350	1 0/0 p.	1 0/0 p.	1 1/2 0/0 b.	1 1/2 0/0 b.	Pair.	Pair.	»	»	»	»	350
351	5000	C⁰ royale d'assurances sur la vie	351	....	....	....	....	....	....	»	»	»	»	351
360	5000	Saint-Étienne.—Lyon........ Chemin de fer.	360	....	....	....	....	....	....	4900 »	4200 »	»	»	360
361	500	Paris.—Saint-Germain........ Chemin de fer.	361	....	....	....	....	....	....	....	....	600 »	540 »	361
463	5000	Canal d'Aire à la Bassée...........	463	....	....	....	....	....	....	4350 »	4150 »	»	»	463
464	Néant.	C⁰ des 4 canaux. Actions de jouissance........	464	42 50	35 »	60 »	40 »	55 »	41 25	467 50	42 50	325 »	140 »	464
466	Néant.	Canal du Rhin au Rhin. Actions de jouissance	466	»	»	55 »	55 »	55 »	52 50	120 »	60 »	580 »	474 »	466
467	Néant.	Canal de Bourgogne. Actions de jouissance...	467	»	»	»	»	»	»	»	»	220 »	141 »	467
468	Néant.	Canal d'Arles à Bouc. Actions de jouissance	468	....	....	....	....	42 50	42 50	....	....	125 »	105 »	468
469	1000	Canal de jonction de la Sambre à l'Oise.....	469	....	....	....	....	....	....	1150 »	1070 »	1135 »	1050 »	469
470	1000	Société de la Scarpe inférieure. C. Bayard et C⁰	470	....	....	....	....	....	....	1100 »	1000 »	»	»	470
471	1000	Sambre française canalisée............	471	....	....	....	....	....	....	950 »	950 »	»	»	471
472	500	Canal de Vire et Taute. Pierre Colin et C⁰	472	....	....	....	....	....	....	1180 »	1050 »	»	»	472
503	1000	Trois vieux ponts sur Seine........	503	1150 »	1050 »	1225 »	1180 »	1125 »	1100 »	1300 »	1190 »	1310 »	1300 »	503
504	1000	Pont, port et gare de Grenelle........	504	....	....	200 »	200 »	....	....	150 »	150 »	»	»	504
505	1000	Pont Louis-Philippe. Séguin fr., Colin, Caillou et C⁰	505	....	....	....	....	1300 »	1200 »	1410 »	1275 »	»	»	505
506	1000	Pont du Carrousel. Borde et C⁰........	506	....	....	....	....	1350 »	1175 »	1800 »	1400 »	»	»	506
507	500	Pont de Bercy...............	507	....	....	....	....	....	....	550 »	525 »	»	»	507
508	1000	Pont de fer de Rouen. Séguin frères, Colin et C⁰	508	....	....	....	....	....	....	1230 »	1175 »	»	»	508
509	1000	Pont susp. de Conflans. Séguin fr., Huguenet et C⁰	509	....	....	....	....	....	....	1150 »	1030 »	»	»	509
700	1000	Eaux de Seine aux Batignolles. Torasse et C⁰...	700	....	....	....	....	....	....	1030 »	1025 »	»	»	700
771	5000	Expl. col. landes de Bordeaux. Boyer, Fonfrède et C⁰	771	....	....	....	....	....	....	180 0/0 b.	100 0/0 b.	»	»	771
774	1000	Expl. des Étangs de Capestang. Oscar Combe et C⁰	774	....	....	....	....	....	....	1027 50	1005 »	»	»	774
814	5000	C⁰ des Salines et mines de sel de l'Est......	814	»	»	28 0/0 p.	30 0/0 p.	20 0/0 p.	20 0/0 p.	5 0/0 b.	6 0/0 b.	5 0/0 b.	6 0/0 b.	814

1837 à 1841.

REPÈRES.	PAIR OU TAUX DE REMBOURSEMENT	DÉNOMINATION des VALEURS.	REPÈRES.	1837. plus haut.	1837. plus bas.	1838. plus haut.	1838. plus bas.	1839. plus haut.	1839. plus bas.	1840. plus haut.	1840. plus bas.	1841. plus haut.	1841. plus bas.	REPÈRES.
		VALEURS A REVENU FIXE.												
3	100	3 0/0..	3	111 »	105 25	111 85	107 05	112 85	108 25	119 40	108 30	117 05	110 45	3
6	100	3 0/0, 1835.................................	6	81 45	77 75	82 20	78 15	82 50	77 80	86 65	65 90	89 60	75 60	6
7	100	4 1/2 0/0, 1825............................	7	105 »	100 50	107 »	103 50	107 »	104 50	113 50	93 50	106 50	101 50	7
9	100	4 0/0, 1830.................................	9	102 10	98 »	103 25	101 »	103 50	100 50	109 »	89 50	102 »	97 »	9
12	100	Emprunt, 3 0/0, 1841.....................	12									81 20	78 70	12
29	1250	Cⁱᵉ des 4 canaux. Actions de capital...	29	1222 50	1175 »	1275 »	1217 50	1280 »	1247 50	1285 »	1157 50	1262 50	1210 »	29
33	1000	Canal de Bourgogne. Actions de capital	33	1040 »	1020 »	1035 »	1035 »	1090 »	970 »	1072 50	1042 »			33
35	1000	Canal d'Arles à Bouc. Actions de capital	35	1050 »	1050 »							1035 »	1050 »	35
36	1250	Cⁱᵉ des 3 canaux. Actions de capital...	36	1216 25	1216 25	1250 »	1223 50	1252 50	1217 50	1250 »	1195 »	1235 »	1225 »	36
39	100	Rentes 5 0/0 de la ville de Paris.......	39	105 »	102 »	103 »	103 »	105 »	103 50	105 50	102 50	103 25	101 50	39
41	1000	Ville de Paris. Oblig. 1832, 4 0/0. Emprunt loterie	41	1198 »	1140 »	1200 »	1185 »	1285 »	1195 »	1310 »	1102 50	1305 »	1255 »	41
61	100	Angleterre, 3 0/0. Consolidés. (Bourse de Londres)..	61	93 7/8	87 7/8	93 1/4	90 5/8	93 7/8	89 1/4	93 1/8	85 3/4	90 1/2	87 1/4	61
62	100	Autriche, 5 0/0. Métalliques.............	62	103 »	101 »	104 1/4	104 1/4	108 »	105 1/2	106 »	106 »	106 1/2	104 1/8	62
64	»	— Lots de 1834 ...... Emp. lot.	64	310 »	260 »	350 »	300 »	380 »	335 »	387 50	330 »	370 »	340 »	64
65	100	— 3 0/0. Métalliques.............	65					»	»	»	»	75 »	75 »	65
70	100	Belgique, 5 0/0	70	104 5/8	100 1/2	105 »	95 »	101 »	97 1/2	105 3/8	90 »	101 1/4	97 1/2	70
71	100	— 4 0/0	71	93 »	93 »	93 1/2	93 1/1	»	»	93 5/8	91 1/4	103 4/8	97 1/2	71
73	100	— 3 0/0	73	75 55		66 60		73 25	64 40	77 90	57 50	72 10	68 40	73
78	100	Deux-Siciles (Naples), 5 0/0	78	100 70	96 20	102 50	98 »	103 50	98 80	106 »	91 »	107 50	100 80	78
87	100	Espagne. Dette différée, 1831	87	9 5/8	6 »	6 »	5 »	10 5/8	5 3/4	8 3/8	5 »	5 4/2	5 1/4	87
—	100	— 1834		12 3/4	6 1/2	7 »	6 1/2	16 1/8	6 5/8	14 1/2	10 1/2	13 1/2	9 1/4	
89	100	— 5 0/0, dette active, 1834 ...	89	29 »	20 »	21 »	15 1/4	35 »	17 »	30 1/2	20 1/2	26 »	20 »	89
90	100	— Dette passive, 1834	90	7 7/8	4 1/2	5 5/6	3 4/2	10 »	3 1/2	7 7/8	5 »	6 1/2	4 1/2	90
96	100	États-Unis. 6 0/0, État Illinois...........	96	....	....	56 25	55 30	55 30	55 30					96
97	100	— 5 0/0, État New-York......	97	....	....	....	....	....	....	100 15	97 50	99 »	90 »	97
98	100	— 5 0/0, Ville New-York.....	98	....	....	....	....	....	....	93 »	87 50	96 »	82 »	98
99	100	— 6 0/0, État Ohio...............	99	....	....	....	....	....	....	103 50	98 »	104 »	95 1/2	99
100	100	— 6 0/0, État Indiana...........	100	....	....	....	....	....	....	»	»	74 »	74 »	100
102	100	Grèce. 3 0/0, 1832. Garantie française.	102	102 1/8	102 1/8	»	»	»	»	»	»	101 1/4	97 1/4	102
103	100	— 5 0/0, 1832. Garantie russe...	103	»	»	»	»	»	»	101 1/4	101 1/4	101 3/8	101 1/4	103
105	1000	Haïti. Emprunt 1825 .... (Annuités).	105	380 »	290 »	600 »	315 »	580 »	382 50	635 »	470 »	680 »	570 »	105
107	100	Hollande. 2 1/2 0/0, 1814.................	107	56 »	52 »	55 »	53 1/2	56 1/2	52 »	53 1/2	50 »	53 »	50 »	107
—	100	— 5 0/0		101 3/4	99 1/4	»	»	»	»	100 »	99 1/2	101 »	100 »	
111	100	Portugal. 5 0/0, 1832. (Obligations miguelistes)	111	13 »	10 »	10 »	5 »	6 1/2	3 »	4 »	2 3/4	3 »	2 3/4	111
114	100	— 4 0/0 (Obligations pédristes)	114	51 »	28 »	35 1/2	30 »	36 »	31 »	34 »	29 »	29 4/4	26 »	114
115	100	— 3 0/0, 1834. (Obligations pédristes)	115	33 »	17 7/8	26 »	17 1/4	28 »	19 »	25 »	20 »	24 1/4	14 1/2	115
—	100	— 5 0/0, différé, 1840.............										22 »	21 1/2	
119	100	Prusse. Lots de 1832 .... Emp. lot.	119	260 »	210 »	255 »	230 »	280 »	235 »	240 »	235 »	302 50	290 »	119
—	100	Rome, 5 0/0		103 »	100 1/2	104 »	97 »	103 7/8	99 »	106 1/8	93 »	104 1/2	93 »	
122	1000	Sardes (États) Piémont. Obl. 1834.....	122	1080 »	1035 »	1022 50	1010 »	1140 »	1035 »	1190 »	1052 50	1140 »	1090 »	122
135	1000	Obl. 4 0/0 de la Caisse hypothécaire.	135	497 50	487 50	500 »	490 »	495 »	490 »	497 50	490 »	497 50	490 »	135
144	100	Obl. de la Banque des États-Unis.....	144	100 1/2	100 »	»	»	93 1/4	92 3/4	100 1/4	93 »	99 »	93 »	144
145	1250	Obl. Paris-Saint-Germain, 1839, 4 0/0.	145	....	....	1167 50	1135 »	1160 »	1110 »	1180 »	1035 »	1197 50	1030 »	145
146	1000	— Paris-Versailles (r.d.) 1839, 5 0/0.	146	....	....	....	....	1090 »	910 »	1040 »	935 »	1022 50	975 »	146

1837 à 1841. (Suite.)

REPÈRES.	PAIR OU TAUX DE REMBOURSEMENT	DÉNOMINATION des VALEURS.	REPÈRES.	1837. plus haut.	1837. plus bas.	1838. plus haut.	1838. plus bas.	1839. plus haut.	1839. plus bas.	1840. plus haut.	1840. plus bas.	1841. plus haut.	1841. plus bas.	REPÈRES.
147	1000	Obl. Montpellier-Cette, 1840. 3 1/2 0/0...	147	......	......	......	......	......	......	1035 »	1000 »	1033 »	1008 »	147
148	1250	— Saint-Étienne-Lyon, 1841, 4 0/0...	148	......	......	......	......	......	......	......	......	1111 25	1080 »	148
149	1000	— Mulhouse-Thann, 1810, 5 0/0...	149	......	......	......	......	......	......	......	......	1010 »	1008 »	149
150	1200	— Citis, 1841, 4.16 0/0...	150	......	......	......	......	......	......	......	......	1037 50	1025 »	150
214	1000	Obl. Canal Sambre à l'Oise, 1839, 5 0/0...	214	......	......	......	......	1095 »	1005 »	1095 »	1025 »	1005 »	986 25	214
223	1200	— Mines de la Grand'Combe, 1840, 4.16 0/0...	223	......	......	......	......	......	......	1080 »	980 »	1035 »	973 »	223
226	500	— Asphalte de Bastennes, 6 0/0...	226	......	......	......	......	......	......	......	......	1030 »	1008 75	226
243	1200	— C⁰ d'Arcachon, 4.16 0/0...	243	......	......	......	......	......	......	......	......	1075 »	1023 »	243

VALEURS A REVENU VARIABLE.

REPÈRES.	PAIR	DÉNOMINATION	REPÈRES.	1837 h	1837 b	1838 h	1838 b	1839 h	1839 b	1840 h	1840 b	1841 h	1841 b	REPÈRES.
249	1000	Banque de France............	249	2600 »	2330 »	2800 »	2480 »	3000 »	2585 »	3800 »	2330 »	3470 »	3025 »	249
252	1000	Caisse hypothécaire...........	252	810 »	780 »	825 »	780 »	805 »	760 »	810 »	675 »	775 »	749 »	252
253	1000	Banque de Marseille..........	253	1215 »	1220 »	1210 »	1210 »	1690 »	1217 50	1670 »	1670 »	»	»	253
254	1000	Banque de Bordeaux..........	254	1950 »	1930 »	»	»	»	»	»	»	»	»	254
255	1000	Banque du Havre.............	255	1230 »	1075 »	1160 »	1061 25	1150 »	1075 »	1400 »	1250 »	1300 »	1300 »	255
256	1000	Banque de Lille..............	256	1140 »	1000 »	1190 »	1000 »	1150 »	1000 »	1205 »	1090 »	1300 »	1120 »	256
257	1000	Caisse gén. du comm. et de l'ind. J. Laffitte et C⁰.	257	1080 »	1012 50	1165 »	995 »	1090 »	1005 »	1150 »	980 »	1090 »	1092 50	257
258	5000	— — —	258	5300 »	4960 »	5800 »	4970 »	5395 »	5150 »	5270 »	5000 »	5190 »	3025 »	258
259	1000	C. gén. du comm. siéci industrie de Valenciennes.	259	......	......	1005 »	930 »	950 »	930 »	920 »	920 »	900 »	900 »	259
260	1000	C. d'esc. du com. et de l'Ind. à Marseille. Lançon et C⁰	260	......	......	1045 »	1010 »	1000 »	1000 »	......	......	......	......	260
261	1000	Banque d'Orléans............	261	......	......	......	......	......	......	1350 »	1300 »	......	......	261
262	1000	Compt. d'esc. des entr. Esitenne, Delachaume et C⁰	262	......	......	......	......	......	......	......	......	1050 »	1050 »	262
263	1000	Banque de Rouen............	263	......	......	......	......	......	......	......	......	2310 »	2295 »	263
293	1000	Banque de Belgique. Émission de 1835......	293	1555 »	1286 25	1537 50	480 »	900 »	500 »	985 »	750 »	965 »	720 »	293
294	1000	— — 1841.	294	......	......	......	......	......	......	......	......	1030 »	1010 »	294
295	1000	Soc. des capital. réunis dans un but de mut. industr.	295	1143 75	1060 »	1185 »	1140 »	1150 »	1075 »	1400 »	1250 »	1300 »	1300 »	295
296	1058	Soc. génér. de Belgique pour favoriser l'indust. nat.	296	1720 »	1825 »	1770 »	1695 »	»	»	1512 50	1300 »	1335 »	1400 »	296
297	1000	Société des actions réunies........	297	1150 »	1020 »	1122 50	800 »	625 »	500 »	680 »	615 »	»	»	297
298	1000	Banque commerciale d'Anvers.......	298	......	......	1300 »	1122 50	......	......	......	......	......	......	298
307	12500	C. d'assurances générales maritimes. Act. nomin.	307	18 0/0 b	7 0/0 b	20 0/0 b	12 0/0 b	22 0/0 b	5 0/0 b	21 0/0 b	14 0/0 b	14 0/0 b	11 0/0 b	307
308	1250	— Act. au port.	308	15 0/0 b	12 0/0 b	»	»	8 0/0 b	6 0/0 b	9 1/4 0/0 b	6 0/0 b	»	»	308
309	5000	Sécurité................. Ass. mar.	309	18 0/0 b	12 0/0 b	14 0/0 b	6 0/0 b	»	»	»	»	6 0/0 b	4 0/0 b	309
310	5000	L'Union des ports.............	310	3 0/0 b	1 1/4 0/0 b	»	»	15 0/0 b	18 0/0 b	43 0/0 b	17 0/0 b	43 0/0 b	45 0/0 b	310
311	5000	Le Lloyd français.............	311	26 1/2 0/0 b	18 1/2 0/0 b	28 0/0 b	»	18 0/0 b	17 1/2 0/0 b	15 0/0 b	11 1/2 0/0 b	15 0/0 b	11 0/0 b	311
312	5000	Océan...................	312	»	»	»	»	10 0/0 b	10 0/0 b	»	»	»	»	312
313	1400	Indemnité.................	313	1 3/4 0/0 b	pair.	»	»	»	»	»	»	2 0/0 b	2 0/0 b	313
314	5000	La Chambre................	314	12 0/0 b	9 0/0 b	12 0/0 b	10 0/0 b	»	»	8 0/0 b	»	9 0/0 b	6 0/0 b	314
315	5000	Méluaine.................	315	12 0/0 b	10 0/0 b	8 0/0 b	5 0/0 b	»	»	»	»	6 1/4 0/0 b	3 0/0 b	315
316	5000	L'Avenir.................	316	»	»	»	»	2 0/0 b	pair.	1 0/0 b	pair.	»	4 1/2 0/0 b	2 0/0 b	316
326	500	C⁰ d'ass. génér. contre l'incendie. Act. au porteur.	326	245 0/0 b	230 0/0 b	220 0/0 b	205 0/0 b	»	»	»	»	»	»	326
327	1250	— Act. nominatives.	327	250 0/0 b	210 0/0 b	230 0/0 b	190 0/0 b	215 0/0 b	213 0/0 b	257 1/2 0/0 b	230 0/0 b	245 0/0 b	227 1/2 0/0 b	327
328	1000	C⁰ française du Phénix.......... Ass. incendie.	328	1225 »	1015 »	1260 »	1180 »	1310 »	1225 »	1525 »	1330 »	1600 »	1480 »	328
329	5000	L'Union.................	329	»	»	86 0/0 b	53 0/0 b	98 0/0 b	69 1/2 0/0 b	112 0/0 b	85 0/0 b	128 0/0 b	92 0/0 b	329
330	5000	C⁰ royale d'assurances...........	330	33 1/4 0/0 b	21 0/0 b	36 4/4 0/0 b	28 0/0 b	32 0/0 b	27 3/4 0/0 b	35 0/0 b	25 0/0 b	40 0/0 b	30 0/0 b	330
331	5000	La Salamandre. Raynau et C⁰...... —	331	3 1/2 0/0 b	1 0/0 b	4 1/2 0/0 b	4 1/2 0/0 b	6 0/0 b	pair.	10 0/0 b	10 0/0 b	»	»	331

1837 à 1841. (Suite.)

REPÈRES.	PAIR OU TAUX DE REMBOURSEMENT	DÉNOMINATION des VALEURS.	REPÈRES.	1837. plus haut.	1837. plus bas.	1838. plus haut.	1838. plus bas.	1839. plus haut.	1839. plus bas.	1840. plus haut.	1840. plus bas.	1841. plus haut.	1841. plus bas.	REPÈRES.
332	6000	Le Soleil............... Ass. incendie	332	5 o/o p	5 o/o p	2 o/o p	2 1/2 o/o p	pair.	pair.	pair.	2 o/o p	»	»	332
333	3000	L'Alliance. *Delaguepierre et C*ᵉ	—	333	3 o/o p	2 o/o b	»	»	»	»	»	»	9 o/o b	8 1/2 o/o b	333
334	5000	La France	—	334	4 1/2 o/o b	1 3/4 o/o b	»	»	3 o/o b	»	»	4 o/o b	14 5/8 o/o b	3 o/o b	334
335	1000	Le Réparateur. *Villette et C*ᵉ	—	335	20 o/o b	20 o/o b	22 1/2 o/o b	22 1/2 o/o b	22 1/2 o/o b	22 1/2 o/o b	22 1/2 o/o b	22 1/2 o/o b	22 1/2 o/o b	3 o/o b	335
336	500	L'Urbaine	—	336	3 o/o b	1 o/o b	4 o/o b	pair.	pair.	pair.	pair.	pair.	pair.	pair.	336
337	5000	La Sécurité	—	337	»	»	2 o/o b	1 o/o b	10 o/o p	pair.	2 o/o b	3 o/o b	4 1/2 o/o b	4 1/2 o/o b	337
338	2500	La Providence	—	338	....	....	pair.	pair.	pair.	pair.	»	»	»	»	338
339	3000	Indemnité	—	339	....	....	»	»	»	»	»	»	1 1/2 o/o p	1 1/2 o/o p	339
348	750	C*ᵉ d'ass. gén. sur la vie des hommes... Act. au p.	348	30 o/o b	26 o/o b	»	»	26 2/3 o/o b	26 2/3 o/o b	»	»	»	»	348
349	7500	— — Act. nom.	349	17 1/3 o/o b	14 o/o b	33 1/3 o/o b	27 o/o b	33 1/3 o/o b	26 2/3 o/o b	36 o/o b	26 2/3 o/o b	40 o/o b	32 o/o b	349
350	3000	L'Union. — Ass. s. la vie	350	4 1/2 o/o b	1/2 o/o b	2/1 o/o p	pair.	»	»	1/2 o/o b	1 o/o b	1 1/2 o/o b	5/8 o/o b	350
351	3050	C*ᵉ royale d'assur. sur la vie	351	1/4 o/o b	1/4 o/o b	1 1/2 o/o b	1/2 o/o b	5 1/2 o/o b	4 1/2 o/o b	3 1/1 o/o b	2 o/o b	4 1/2 o/o b	2 1/2 o/o b	351
352	1000	La Prévoyance. *De Chézelle et C*ᵉ	352	»	»	pair.	»	3 o/o b	5 o/o b	»	»	»	»	352
359	1000	Bourse militaire. *Ador et C*ᵉ...Recrutem.	359	1810	1725	»	»	»	»	»	»	»	»	359
360	5000	Saint-Étienne-Lyon............... Ch. de fer.	360	»	»	»	»	»	»	»	»	5225	3075	360
361	500	Paris-St-Germain	—	361	1080 »	565 »	1072 50	600 »	705 »	530 »	784 »	500 »	830 »	637 50	361
362	500	Montpellier-Cette	—	362	665 »	545 »	720 »	432 50	530 »	330 »	430 »	300 »	275 »	480 »	362
363	500	Paris-Versailles (r. d.)	—	363	800 »	595 »	530 »	530 »	735 »	160 »	617 50	330 »	462 50	302 50	363
364	500	Paris-Versailles (r. g.)	—	364	745 »	540 »	740 »	360 »	375 »	145 »	400 »	270 »	330 »	167 50	364
366	1000	Villers-Cotterets-Port-aux-Perches	—	366	1100 »	1000 »	»	»	530 »	440 »	340 »	230 »	250 »	»	366
367	500	Mulhouse-Thann. *Nicolas Koechlin et C*ᵉ	367	702 50	580 »	695 »	580 »	440 »	410 »	375 »	445 »	385 »	367
368	1000	Cie. Ph. de Musin et C*ᵉ. Salines et Ch. de fer.	368	1030 »	1080 »	1170 »	950 »	1050 »	1015 »	650 »	430 »	600 »	350 »	368
369	500	Epinac-Canal du Centre	—	369	595 »	530 »	690 »	525 »	»	»	»	»	»	»	369
370	500	Bordeaux-La Teste	—	370	650 »	415 »	440 »	375 »	40 »	375 »	420 »	350 »	370
371	500	Strasbourg-Bâle	—	371	445 »	350 »	555 »	320 »	350 »	270 »	41 1/2 50	310 »	»	»	371
372	350		—	372	»	»	»	»	»	»	265 »	227 50	252 50	212 50	372
373	1000	Paris-La mer (plateaux)	—	373	»	»	1028 75	900 »	995 »	922 50	995 »	995 »	»	»	373
374	500	Paris-Orléans	—	374	»	»	565 »	460 »	480 »	407 50	555 »	420 »	517 50	475 »	374
376	500	Paris-Rouen	—	376	»	»	»	»	»	»	»	»	485 »	410 »	376
424	500	Sambre à la Meuse	—	424	»	»	550 »	425 »	455 »	430 »	....	....	....	....	424
431	940	Cologne à la Belgique (Soc. rhénane).	—	431	»	»	1120 »	1040 »	»	»	»	»	»	»	431
463	5000	Canal d'Aire à la Bassée	—	463	3900 »	3900 »	4475 »	4475 »	»	»	290 »	135 »	170 »	130 »	463
465	Néant.	C*ᵉ des 4 canaux. Act. de jouissance.	465	342 50	295 »	240 »	115 »	175 »	115 »	412 50	470 »	413 »	402 50	465
466	Néant.	Canal du Rhône au Rhin. Act. de jouissance.	466	550 »	495 »	440 »	440 »	430 »	400 »	110 »	60 »	92 50	70 »	466
467	1000	Canal de Bourgogne. Act. de jouissance.	467	222 50	155 »	167 50	80 »	90 »	60 »	90 »	375 »	120 »	686 »	467
469	1000	Canal de jonction de la Sambre à l'Oise.	469	1077 50	1025 »	1150 »	1045 »	1000 »	870 »	990 »	380 »	330 »	270 »	469
473	500	Canal de Roanne à Digoin	—	473	720 »	600 »	695 »	585 »	530 »	530 »	390 »	»	»	»	473
474	5000	Canal d'Aigues-Mortes à Beaucaire	—	474	»	»	»	»	»	»	9950 »	8200 »	»	»	474
485	500	Omnibus des ch. de fer. *Moreau-Chalon, et C*ᵉ	485	»	»	617 50	510 »	»	»	»	»	320 »	350 »	485
487	1000	Messag. gén. de France. *Laffitte, Caillard et C*ᵉ	487	»	»	1010 »	1010 »	»	»	970 »	930 »	910 »	900 »	487
489	500	C*ᵉ des voit. de place de Paris. *Camille, Lelessier et C*ᵉ	489	»	»	400 »	400 »	100 »	380 »	»	»	»	»	489
503	1000	Trois vieux ponts sur Seine	503	1375 »	1325 »	1460 »	1350 »	1500 »	1425 »	1550 »	1450 »	1500 »	1500 »	503
504	1000	Pont, port et gare de Grenelle	504	100 »	100 »	»	»	»	»	150 »	150 »	»	»	504
507	500	Pont de Bercy	507	»	»	»	»	»	»	540 »	510 »	590 »	555 »	507

1837 à 1841. (Suite.)

REPÈRES.	PAIR OU TAUX de REMBOURSEMENT	DÉNOMINATION des VALEURS.	REPÈRES.	1837.		1838.		1839.		1840.		1841.		REPÈRES.
				plus haut.	plus bas.	plus haut.	plus bas.	plus haut.	plus bas.	plus haut.	plus bas.	plus haut.	plus bas.	
510	1000	Pont de Beaucaire................	510	1082 50	1077 50	1000 »	1000 »	»	»	»	»	1000 »	985 »	510
512	500	Bat. à vapeur de la Basse-Seine. *Ad. Levrier et C°*..	512	657 50	515 »	592 50	480 »	430 »	345 »	355 »	330 »			512
513	500	— St-Valery-sur-Somme à Londres. *Dagneaux et C°*..	514	600 »	450 »	480 »	400 »	»	»	»	»			514
515	500	Bateaux en fer (Cavé). *Aug. Garay et C°*..	515	565 »	450 »	520 »	420 »	430 »	430 »					515
516	500	Remorq. à Paris par la vapeur. *A. Pags et C°*..	516	510 »	450 »	500 »	475 »	»	»	»	»			516
517	500	Paquebots à vapeur entre le Havre et Londres....	517	545 »	500 »	530 »	425 »	430 »	350 »					517
518	500	Bat. à vap. en fer de la Marne. *Ed. Tacnet et C°*..	518	530 »	510 »	560 »	510 »	»	»	»	»			518
519	500	Paquebots à vapeur de Bordeaux au Havre....	519			550 »	310 »	315 »	325 »	325 »	325 »			519
520	500	C° gén. de transp. et de navig. *A. Lubbert et C°*..	520			525 »	315 »	375 »	315 »					520
521	500	Bat. à vap. de l'Oise et de l'Aisne. *Conti et C°*..	521			505 »	500 »	500 »	500 »					521
523	1000	Pêcherie de la morue. *E. Campion, Thérouldo et C°*	523			1320 »	1250 »	1000 »	950 »	850 »	250 »			523
524	500	Parcs à huîtres flottants. *Robin, Tacenet et C°*..	524			520 »	520 »	»	»	»	»			524
525	250	— —	525			275 »	257 50	»	»	»	»			525
526	1000	H. et ch. de fer de Montet-aux-Moines et Froidefond.	526	1230 »	1010 »	1020 »	840 »	380 »	375 »	»	»			526
527	500	Houillères de la Haute-Loire.............	527	504 50	500 »	640 »	510 »	»	»	»	»			527
528	500	Houil. de la Theurée-Mallet et des Ferrois.....	528	1070 »	1010 »	1070 »	900 »	»	»	»	»			528
529	1000	Houil. de la Grand'Combe et chem. de fer du Gard.	529	1750 »	1300 »	2400 »	1500 »	2100 »	1375 »	1675 »	1490 »	1350 »	1100 »	529
540	500	Houil. de l'Arroux. *Damiron, Soultzener et C°*	540	612 50	375 »	620 »	500 »	»	»	380 »	380 »	300 »	300 »	540
541	1000	Houillères de la Chazotte.................	541			1145 »	900 »	900 »	875 »	530 »	500 »			541
542	500	M. de houil. de Gémorel. *Boisson, Faucompré et C°*	542			1015 »	1000 »	»	»	»	»			542
543	5000	— Forques. *Frémicourt et C°*..........	543			11000 »	9000 »	»	»	»	»			543
544	500	Charb. de Bray, Maurage et Roussoit........	544			635 »	530 »	490 »	430 »	455 »	440 »			544
545	1000	Houil. de la Grande-Veine et du bois de St-Ghislain.	545			1042 50	900 »	950 »	950 »	»	»			545
546	1000	H. d'Unieux-et-Fraisse. *Jamar de Filleneuve et C°*	546			1025 »	775 »	800 »	770 »	»	»			546
547	1000	Houillère du Contre-du-Pienu............	547			1200 »	995 »	1025 »	1000 »	1015 »	995 »			547
548	500	Houillère de Montieux-St-Étienne.........	548			325 »	270 »	300 »	280 »	325 »	325 »			548
549	1000	Charbonnage de Pont-du-Loup Sud.........	549			1125 »	730 »	725 »	500 »	510 »	382 50	350 »	300 »	549
550	1000	Houil. du Ragny et des Perrins. *Poulet, Blondeau et C°*	550			1015 »	1000 »	750 »	500 »	»	»			550
552	1000	Houillères de Layon et Loire.............	552			1125 »	1000 »	»	»	»	»	1000 »	1000 »	552
553	1000	C° générale de Recherches. *J. Fléchey et C°*..	553			1130 »	1100 »	»	»	»	»			553
554	500	Houillère de Chaney-Saint-Etienne.........	554			1025 »	840 »	890 »	800 »	780 »	630 »	500 »	475 »	554
555	6000	Mines de houille de Méons...............	555			6180 »	6120 »	»	»	»	»			555
556	1000	C° générale des mines de Rive-de-Gier.....	556			1090 »	1080 »	»	»	»	»			556
557	250	Lign. et houil. de Luzarches. *Fr. de Moncey et C°*	557			315 »	270 »	»	»	»	»			557
558	1000	La Taupe, Grignes, Arreot-s.-Allier. *Cockerill et C°*	558			1077 50	1050 »	»	»	»	»			558
559	5000	Ch. de B.-Espérance-s.-Lambussart. *Urbain et C°*	559			5600 »	5600 »	»	»	»	»			559
5 VI	500	Mines de Fins, Noyant et Souvigny.........	5 VI			2300 »	2300 »	»	»	»	»			5 VI
560	10000	Houillère et chemin de fer d'Épinac........	560			»	»	5000 »	5000 »	3000 »	3000 »	2800 »	3500 »	560
569	500	Mines de houille des Touches. *Godard et C°*..	569			»	»	»	»	550 »	550 »	»	»	569
582	1000	Min. d'asphalte de Pyrimont-Seyssel. *Coignet et C°*	582	1250 »	1450 »	10200 »	2300 »	2930 »	1550 »	1350 »	900 »			582
583	1000	Prod. bit. Dez-Maurel. *Perronnel de St-Étienne et C°*	583	1185 »	1100 »	2900 »	500 »	515 »	350 »	»	»			583
584	1000	Seyssel belge. *Sues et C°*..............	584			1925 »	1000 »	850 »	825 »	»	»			584
585	1000	Bitume élastique Polonceau. *Guyot-Duclos et C°*	585			1150 »	440 »	440 »	425 »	»	»			585
586	500	Seyssel allemand. *A. Rolly et C°*........	586			1200 »	450 »	401 25	350 »	300 »	300 »			586
587	500	Seyssel anglais.....................	587			2400 »	430 »	475 »	425 »	»	»			587
588	1000	Houille et asphalte de Lobsann. *Dournay et C°*..	588			5600 »	1935 »	»	»	»	»			588
589	1000	Bitume végéto-minéral et de couleur. *Roux et C°*	589			2600 »	930 »	800 »	700 »	»	»			589

1837 à 1841. (*Suite.*)

REPÈRES.	PAIR OU TAUX D'AMORTISSEMENT	DÉNOMINATION des VALEURS.	REPÈRES.	1837. plus haut.	1837. plus bas.	1838. plus haut.	1838. plus bas.	1839. plus haut.	1839. plus bas.	1840. plus haut.	1840. plus bas.	1841. plus haut.	1841. plus bas.	REPÈRES.
590	1000	Mastic bitumineux végétal. *Adrien aîné et C*...	590	....	....	2150 »	1800 »	....	....	....	....	....	....	590
591	1000	Bitume minéral. *Aulette et C*...	591	....	....	1820 »	1430 »	....	....	....	....	....	....	591
592	500	Asphalte de la H.-Loire. *Souteyran-Laroulle et C*...	592	....	....	690 »	500 »	....	....	....	....	....	....	592
593	1000	Asphalte de Bastennes. *Debray et C*...	593	....	....	2800 »	1600 »	....	....	930 »	930 »	750 »	690 »	593
594	500	Asphalte Guibert. *Salba et C*...	594	....	....	665 »	350 »	300 »	300 »	....	....	....	....	594
595	500	Bastennes anglais.	595	....	....	600 »	495 »	....	....	....	....	....	....	595
596	500	Bitumes du Nord. *A. Ménard et C*...	596	....	....	500 »	450 »	....	....	....	....	....	....	596
597	500	Polonceau anglais.	597	....	....	540 »	510 »	....	....	....	....	....	....	597
598	»	Seyssel américain.	598	....	....	610 »	550 »	....	....	....	....	....	....	598
599	1000	Mines d'or de la Gardette. *B.-L. May, et C*...	599	1025 »	1020 »	1150 »	1000 »	» »	» »	200 »	200 »	....	....	599
600	1000	Mines de cuivre argentifère du Valais...	600	....	....	1027 50	1000 »	....	....	....	....	....	....	600
603	100	Mines de zinc de la Vieille-Montagne...	603	....	....	....	....	....	....	....	....	140 »	135 »	603
614	1000	Forges de Pôle et du Verderat. *Buille, Febvret et C*...	614	....	....	1200 »	1150 »	....	....	....	....	....	....	614
619	3000	Forges de l'Aveyron (Decazeville)...	619	....	....	1900 »	18.0 »	1200 »	1200 »	» »	» »	2700 »	2700 »	619
620	3000	Forges d'Alais...	620	....	....	....	....	....	....	....	....	....	....	620
651	500	Galvanisation du fer. *Sorel et C*...	651	....	....	3000 »	400 »	520 »	350 »	370 »	360 »	320 »	230 »	651
652	1000	Fab. d'objets en bois (Grimpé). *Gosse, de Billy et C*...	652	....	....	4250 »	4250 »	....	....	....	....	....	....	652
653	500	Zincage du fer. *Moreau et C*...	653	....	....	680 »	5.0 »	....	....	....	....	....	....	653
654	1000	Affinage de la fonte...	654	....	....	1100 »	1010 »	....	....	....	....	....	....	654
655	1000	Cloutrie mécanique. *A. Clavaud et C*...	655	....	....	1100 »	1000 »	....	....	....	....	....	....	655
656	500	Société *Chameroy et C*...	656	....	....	570 »	500 »	» »	» »	....	....	....	....	656
657	1000	Acier fusible et damas oriental. *Sir Henry et C*...	657	....	....	460 »	460 »	....	....	....	....	....	....	657
658	500	Fers creux. *Gondillot et C*...	658	....	....	500 »	500 »	» »	» »	....	....	....	....	658
659	1000	Usines de Pont-St-Laurent, *Boisson et C*...	659	....	....	1050 »	1000 »	....	....	....	....	....	....	659
660	1000	C⁰ dep. des Ma... es annitoles. *Crampel et C*...	660	....	....	1017 50	1000 »	....	....	....	....	....	....	660
681	5000	Théâtre de la Renaissance. *Antenor Joly et C*...	681	1535 »	1020 »	5225 »	5150 »	5260 »	5180 »	....	....	....	....	681
690	500	Gaz portatif comprimé...	690	1535 »	1020 »	1240 »	930 »	960 »	940 »	....	....	....	....	690
691	1000	C⁰ européenne, gaz de résine. *Ph. Mathieu et C*...	691	....	....	1520 »	1500 »	....	....	....	....	....	....	691
692	2500	Gaz de Paris, C⁰ angl. *Manby, Henry, Wilson et C*...	692	....	....	....	....	....	....	....	....	6060 »	5750 »	692
693	500	— C⁰ franç. *Lurieu, Brunton, Pauwels et C*...	693	....	....	450 »	400 »	95 »	82 50	....	....	608 33	608 33	693
717	500	Gaz de Marseille p. larésin. *Donnadieu, Guillon et C*...	717	572 50	470 »	450 »	400 »	95 »	82 50	....	....	....	....	717
731	500	Filature de lin d'Amiens. (*Maberly*)...	731	....	....	590 »	400 »	425 »	320 »	450 »	380 »	420 »	300 »	731
732	1000	Société de Pont-Remy. *Liénart fils et C*...	732	....	....	1280 »	1160 »	1085 »	960 »	790 »	760 »	800 »	725 »	732
733	1000	Cordages et tissus en soie végétale. *E. Puvy et C*...	733	....	....	1600 »	1000 »	....	....	....	....	....	....	733
734	625	C⁰ continentale (Boulogne). *Hopwood et C*...	734	....	....	755 »	755 »	» »	» »	....	....	....	....	734
735	500	Soc. de colonisation. *Alph. de Nolaing et C*...	735	....	....	....	....	400 »	200 »	....	....	....	....	735
748	600	Cuirs vernis et toiles cirées. *Couteaux et C*...	748	....	....	610 »	605 »	....	....	....	....	....	....	748
749	500	Cuirs vénitiens et velours gravés. *Després et C*...	749	....	....	500 »	415 »	....	....	....	....	....	....	749
751	1000	Manuf. de Verneuil. *P. Gattié, Levassort et C*...	751	....	....	1025 »	1010 »	....	....	....	....	....	....	751
752	500	Man. de Guise (papier maïs). *H. Bouchet et C*...	752	....	....	750 »	400 »	500 »	200 »	....	....	....	....	752

1837 à 1841. *(Fin.)*

REPÈRES	PAIR OU TAUX DE REMBOURSEMENT	DÉNOMINATION des VALEURS.	REPÈRES	1837. plus haut.	1837. plus bas.	1838. plus haut.	1838. plus bas.	1839. plus haut.	1839. plus bas.	1840. plus haut.	1840. plus bas.	1841. plus haut.	1841. plus bas.	REPÈRES
755	1000	Sucrerie *Lesnier et C°*............	755	....	....	1140 »	1050 »	....	....	....	....	....	....	755
756	1000	Sucrerie de Laverdine, *Al. Bourgeois, Michon et C°*	756	....	....	1010 »	1005 »	....	....	1002 50	1000 »	....	....	756
757	1000	Sucr. roy. de la Grève, *C. Boberdi, Villerest et C°*	757	....	....	....	....	....	....	....	....	....	....	757
762	500	Savonnes à la vap. de Vitry, *Choudron-Janot et C°*	762	....	....	2200 »	585 »	600 »	600 »	....	....	» »	» »	762
763	500	— de la Vet.-Villette, *H. Pitoy et C°*	763	....	....	775 »	465 »	....	....	....	....	....	....	763
764	500	— des Bat.-Monceaux, *Droux et C°*	764	....	....	750 »	150 »	....	....	....	....	150 »	150 »	764
765	500	— du pont de Flandre, *Vallée et C°*	765	....	....	520 »	510 »	....	....	....	....	» »	» »	765
766	500	— de l'Elbe. *Et. Perrin et C°*	766	....	....	575 »	510 »	....	....	....	....	....	....	766
767	500	Bains Vigier. *Ducergier, de Villeneuve et C°*	767	....	....	540 »	510 »	....	....	....	....	....	....	767
768	500	Bains Français au Havre. *Brédart et C°*	768	....	....	....	....	512 50	510 »	....	....	....	....	768
773	1000	Soc. agric. de Montesson, *Beaume-Chevalier et C°*	773	1105 »	1065 »	....	....	....	....	....	....	....	....	773
774	1000	Orgéa, dedesséchem. *Thurninger, Guyardin et C°*	774	....	....	1100 »	1050 »	1050 »	940 »	975 »	450 »	415 »	354 »	774
775	5000	C°d'Arcachon.Ct°de Blacas, *Pinsvy, Cazeaux et C°*	775	....	....	....	....	....	....	....	....	5000 »	5000 »	775
778	500	Brasserie Lyonnaise. *L. Combalot neveu et C°*	778	520 »	500 »	610 »	530 »	....	....	....	....	....	....	778
779	500	Amidonnerie, vermicel. et brasser. *A. Boniface et C°*	779	....	....	525 »	510 »	....	....	....	....	....	....	779
782	1000	Carrières à plâtre de Triel et environs. *Bourdin et C°*	782	1075 »	1050 »	1115 »	1072 50	....	....	....	....	....	....	782
783	1000	Pierres à meules de Pringy, *Bluzet et C°*	783	....	....	1255 »	1150 »	....	....	....	....	....	....	783
784	1000	Société plâtrière de Paris, *G. Higonnet et C°*	784	....	....	1447 50	1400 »	1457 50	1380 »	....	....	....	....	784
787	1000	Moulins de Saint-Maur. *Tuvaillon et C°*	787	....	....	1250 »	1000 »	....	....	190 »	150 »	200 »	200 »	787
788	1000	Lithocéramie de Briare. *Brisset, Azambre et C°*	788	....	....	1140 »	1100 »	....	....	....	....	....	....	788
789	500	Verreries de Masnières. *V. de l'Illepin et C°*	789	....	....	500 »	500 »	....	....	....	....	....	....	789
795	500	Bougies de l'Étoile, *DeMilly et C°.H. Binet et C°*	795	....	....	1205 »	800 »	825 »	805 »	....	....	....	....	795
796	500	Stéarinerie de Vaugirard *Debocretoz, Fourcade et C°*	796	....	....	725 »	412 50	....	....	....	....	....	....	796
797	500	Bougies de l'Éclair. *Aug. Regeard et C°*	797	....	....	935 »	500 »	....	....	....	....	....	....	797
798	»	Bougies parisiennes................	798	....	....	610 »	475 »	....	....	....	....	....	....	798
799	500	Bougies du Phénix. *A. Bigot et C°*	799	....	....	770 »	585 »	....	....	....	....	....	....	799
800	500	Bougies royales. *Paillasson et C°*	800	....	....	505 »	400 »	....	....	....	....	....	....	800
801	500	Bougies cirag. de l'Arc-en-Ciel. *Léon Lemault et C°*	801	....	....	507 50	440 »	....	....	....	....	....	....	801
802	250	Bougies-Chandelles du Soleil. *Boucher d'Argiset C°*	802	....	....	630 »	420 »	....	....	....	....	....	....	802
803	500	Bougies de l'Union. *Schneider et C°*	803	....	....	625 »	475 »	....	....	....	....	....	....	803
804	500	Bougies du Pharo. *Régnier et C°*	804	....	....	500 »	415 »	....	....	» »	» »	100 »	100 »	804
805	500	Produits chimiques d'Amiens, *Cartier et C°*	805	....	....	520 »	545 »	....	....	....	....	....	....	805
806	»	— de Grenelle, *E. Buron et C°*	806	....	....	1000 »	975 »	» »	» »	500 »	500 »	....	....	806
807	500	Parfumerie de la C° parisienne. *Chaumas et C°*	807	....	....	597 50	535 »	....	....	....	....	....	....	807
808	»	Incombustible........................	808	....	....	535 »	425 »	....	....	....	....	....	....	808
810	500	Fab. d'alun et de coup. de Quessy, *A. Gautier et C°*	810	....	....	530 »	500 »	....	....	....	....	....	....	810
814	5000	C° des salines et mines de sel de l'Est......	814	5 0/0 p	6 0/0 p	....	....	....	....	....	....	....	....	814
816	500	Papeterie Veynen, *Veynen et C°*	816	....	....	600 »	450 »	....	....	....	....	....	....	816

1842 à 1846.

REPÈRES.	PAIR OU TAUX de remboursement.	DÉNOMINATION des VALEURS.	REPÈRES.	1842. plus haut.	1842. plus bas.	1843. plus haut.	1843. plus bas.	1844. plus haut.	1844. plus bas.	1845. plus haut.	1845. plus bas.	1846. plus haut.	1846. plus bas.	REPÈRES.
		VALEURS A REVENU FIXE.												
2	100	5 0/0	2	120 80	115 »	123 70	119 60	126 30	118 10	122 85	116 45	123 60	116 »	2
6	100	3 0/0, 1825	6	82 25	76 60	83 20	74 70	85 65	79 75	86 40	80 85	85 »	80 40	6
8	100	4 1/2 0/0, 1825	8	108 50	105 »	109 75	107 25	113 25	109 25	116 25	111 »	115 »	110 25	8
12	100	5 0/0, 1830	12	105 40	100 45	105 »	102 10	108 »	102 »	110 30	106 »	105 50	102 »	12
13	100	Emprunt 3 0/0 1844	13	82 40	78 80			87 25	80 15	86 70		81 60		13
	100	1844										84 50	82 »	
29	1250	Cie des 4 Canaux. Actions de capital	29	1282 50	1240 »	1290 »	1252 50	1300 »	1265 »	86 70	1295 »	1275 »	1270 »	29
33	1000	Canal de Bourgogne. Actions de capital	33	1090 »	1055 »	1100 »	1042 50	1100 »	1060 »	1115 »	1065 »	1080 »	1055 »	33
35	100	Canal d'Arles à Bouc. Actions de capital	35	1070 »	1060 »	1075 »	1070 »	1072 50	1072 50	1085 »	1080 »			35
36	1250	Cie des 3 Canaux. Actions de capital	36	1250 »	1250 »	1275 »	1210 »	1285 »	1255 »	1265 »	1245 »	1235 »	1220 »	36
39	100	Rentes 5 0/0 de la ville de Paris.	39	106 »	102 50	107 »	103 »	106 50	103 »	105 50	102 50	106 50	102 »	39
41	1000	Ville de Paris. Obligat. 1832 4 0/0. Emp. loterie.	41	1305 »	1260 »	1415 »	1270 »	1480 »	1380 »	1477 50	1377 50	1425 »	1375 »	41
61	100	Angleterre. 3 0/0 consolidés (Bourse de Londres).	61	95 1/8	88 1/2	97 1/8	92 1/8	101 1/4	96 1/2	103 5/8	91 7/8	97 5/4	93 4/4	61
63	100	Autriche. 5 0/0 métalliques	63	109 1/2	101 1/2	111 1/2	109 1/2	112 1/4	110 »	112 1/4	110 3/4	109 »	104 »	63
64	»	Lots de 1834 .... Emp. loterie.	64	377 50	352 50	395 »	365 »	425 »	380 »	425 »	395 »	430 »	390 »	64
70	100	Belgique. 5 0/0 1831	70	103 5/8	102 1/4	106 5/8	103 3/8	107 3/4	101 1/4	103 »	102 3/4			70
72	100	3 0/0	72	73 75	70 »	72 90	71 60	79 80	7 40	78 75	76 75	74 »	73 »	72
73	100	5 0/0 1840	73	101 »	102 3/4	103 3/8	104 3/4	105 1/8	103 »	103 1/8	99 »	103 »	92 1/2	73
74	100	5 0/0 1842	74			109 1/8	106 »	110 1/3	105 »	107 1/4	104 3/4	103 3/4	101 »	74
75	100	2 1/2 0/0	75					62 3/4	61 1/2	62 3/4	55 »	58 »	52 3/4	75
76	100	4 1/2 0/0	76					103 1/8	102 1/4	104 »	98 »	102 »	97 3/8	76
79	100	Deux-Siciles (Naples). 5 0/0 ...	79	109 05	103 50	109 15	105 80	107 »	95 »	105 »	96 »	103 25	99 75	79
82	100	Espagne. Dette différée 1831 ...	82	6 »	5 1/4	5 1/2	5 »	8 »	5 1/4	9 1/8	6 7/8	6 3/4	5 4/8	82
83	100	1834	83					16 1/2	8 »	13 »	8 »	11 »	8 »	83
85	100	5 0/0 dette active 1831	85	12 5/8	8 1/2	12 1/2	10 »	33 1/4	9 »	40 3/4	35 1/2	37 1/4	31 »	85
86	100	Detto passive 1831	86	4 »	3 7/8	5 5/8	3 7/8	37 »	29 1/2	8 1/4	6 1/4	6 5/8	5 »	86
88	100	3 0/0 extérieur 1841	88					39 »	32 3/8	35 1/2	28 »	39 3/8	25 3/4	88
89	100	intérieur 1844	89									34 »	24 3/4	89
92	100	Etats-Unis. 5 0/0 Etat New-York	92	85 »	80 »	93 »	91 »	» »	» »	100 »	100 »	90 »	90 »	92
95	100	5 0/0 Ville New-York	95	68 »	68 »	93 »	93 »	101 »	100 »	» »	» »	» »	» »	95
99	100	6 0/0 Etat Ohio	99	90 »	80 »	91 »	91 »	98 »	98 »	97 »	97 »	» »	» »	99
102	100	Grèce. 5 0/0 1832, garantie française	102	102 »	101 »	105 1/2	102 1/2	107 »	105 »	104 »	101 »	104 »	104 1/2	102
103	100	5 0/0 1832, garantie russe ...	103	101 3/8	101 3/8	101 1/2	101 1/2	» »	» »	100 »	100 »	100 »	104 »	103
104	100	5 0/0 1832, garantie anglaise	104							104 »	104 »	104 »	104 »	104
105	1000	Haïti. Emprunt 1825 .... (Annuités).	105	675 »	501 25	635 »	427 30	570 »	400 »	455 »	360 »	» »	» »	105
106	100	Hollande 2 1/2 0/0	106	54 »	52 1/4	58 1/2	52 3/4	65 »	54 »	61 3/4	60 1/4	61 »	58 »	106
107	100	5 0/0	107	102 »	100 1/4	102 1/4	99 »	100 1/4	99 »	102 7/8	99 »	» »	» »	107
111	100	Portugal. 5 0/0 1832 (obligations miguélistes)	111	4 »	1 »	5 »	3 »	3 »	2 »	2 »	2 »	2 1/4	2 1/4	111
113	100	5 0/0 différé 1810	113	31 1/4	26 1/2	43 1/2	33 1/4	61 1/4	42 1/8	70 »	55 1/4	59 »	43 »	113
115	»	Prusse. Lots de 1835 .... Emp. loterie.	115	320 »	300 »	340 »	330 »	340 »	332 50	» »	» »	338 »	310 »	115
119	100	Rome. 5 0/0	119	406 1/2	102 »	108 »	103 3/4	407 »	102 »	101 1/4	99 1/4	103 1/4	99 3/4	119
122	000	Sardes (États). Piémont. obligat. 1834. Emp. lot.	122	1155 »	1105 »	1225 »	1132 50	1285 »	1190 »	1285 »	1225 »	1265 »	1190 »	122
135	1000	Obligations 4 0/0 de la Caisse hypothécaire	135	497 50	490 »	498 75	490 »	496 25	490 »	498 75	487 50	496 25	487 30	135
145	1250	Obligations Paris-Saint-Germain, 1839, 4 0/0	145	1220 »	1165 »	1240 »	1167 50	1250 »	1210 »	1250 »	1190 »	1190 »	1100 »	145
146	1000	Paris-Versailles (R. D.), 1839, 5 0/0	146	1035 »	952 50	1055 »	995 »	1050 »	1013 75	1060 »	1010 »	1025 »	1000 »	146

1842 à 1846. (Suite.)

RÉFÉRES.	PAIR OU TAUX de remboursement	DÉNOMINATION des VALEURS.	RÉFÉRES.	1842. plus haut.	1842. plus bas.	1843. plus haut.	1843. plus bas.	1844. plus haut.	1844. plus bas.	1845. plus haut.	1845. plus bas.	1846. plus haut.	1846. plus bas.	RÉFÉRES.
147	1000	Obligations Montpellier-Cette, 1840, 3 1/2 0/0...	147	1040 »	1012 50	1030 »	1020 »	»	»	»	»	1170 »	1160 »	147
148	1250	— Saint-Étienne-Lyon, 1841, 4 0/0...	148	1159 »	1115 »	1175 »	1175 »	1210 »	1210 »	1220 »	1210 »	1170 »	1160 »	148
149	1000	— Mulhouse-Thann, 1840, 3 0/0...	149	1010 »	990 »	1030 »	990 »	1025 »	1000 »	1025 »	1025 »	1010 »	1010 »	149
150	1200	— Cités, 1841, 4.16 0/0...	150	1045 »	1000 »	1015 »	1015 »	»	»	»	»	»	»	150
151	1250	— Paris-Saint-Germain, 1842-49, 4 0/0...	151	1155 »	1110 »	1237 50	1125 »	1247 50	1200 »	1260 »	1160 »	1190 »	1145 »	151
152	1250	— Paris-Orléans, 1849, 4 0/0...	152	1200 »	»	1270 »	1177 50	1282 50	1235 »	1282 50	1200 »	1250 »	1215 »	152
153	1250	— Paris-Versailles (R. D.), 1843, 4 0/0...	153	»	1150 »	»	1115 »	1183 50	»	1225 »	1187 50	1227 50	1175 »	1095 »	153
154	1250	— Bordeaux-la-Teste, 1843, 4 0/0...	154	»	»	1095 »	1075 »	»	»	»	»	»	»	154
155	1250	— Strasbourg-Bâle, 1843, 4 0/0...	155	»	»	1175 »	1130 »	1250 »	1162 50	1240 »	1200 »	1200 »	1100 »	155
156	1250	— Montpellier-Cette 4 0/0...	156	»	»	»	»	1250 »	»	1200 »	»	»	»	156
157	1250	— Paris-Rouen, 1845, 3.20 0/0...	157	»	»	»	»	»	»	1075 »	1005 »	1040 »	939 »	157
158	1250	— Rouen-Havre, 1845-47, 4 0/0...	158	»	»	»	»	»	»	»	»	1135 »	1060 »	158
214	1000	Obligations Canal, Sambre à l'Oise, 1839, 3 0/0 ...	214	1040 »	990 »	1040 »	1005 »	1055 »	1010 »	1035 »	1030 »	1017 50	1000 »	214
216	1000	— Canal des Alpines, 3 0/0...	216	1050 »	1000 »	1050 »	1015 »	700 »	700 »	»	»	1125 »	1120 »	216
222	1250	— Houillères Haute-Loire, 4 0/0...	222	»	»	»	»	1175 »	1095 »	1200 »	1165 »	1110 »	1075 »	222
223	1200	— Mines de Grand'Combe, 1840, 4.16 0/0...	223	1057 50	998 75	1110 »	1055 »	1155 »	1136 25	1200 »	1110 »	1140 »	1100 »	223
224	1250	— 1844, 4 0/0...	224	»	»	»	»	»	»	»	»	»	»	224
226	500	— Asphaltes de Bastennes, 8 0/0...	226	1015 »	1000 »	»	»	»	»	»	»	1010 »	995 »	226
235	1000	— Decazeville (Aveyron), 1844, 4 1/20/0...	235	»	»	»	»	1025 »	1000 »	1020 »	1000 »	1080 »	960 »	235
236	1000	— Lits militaires, 5 0/0...	236	»	»	»	»	»	»	»	»	»	»	236
242	1200	— Cie d'Arcachon, 4.16 0/0...	242	1045 »	1010 »	1030 »	900 »	»	»	»	»	»	»	242
		VALEURS A REVENU VARIABLE.												
249	1000	Banque de France............	249	3395 »	3170 »	3355 »	3230 »	3285 »	3000 »	3390 »	3166 »	3505 »	3300 »	249
252	1000	Caisse hypothécaire............	252	772 50	740 »	780 »	752 50	793 75	752 50	775 »	635 »	305 »	285 »	252
255	1000	Banque de Lille............	255	1680 »	1525 »	1680 »	1680 »	1650 »	1625 »	1800 »	1800 »	1825 »	1825 »	255
256	1000	Banque du Havre............	256	1349 »	1240 »	1270 »	1250 »	1240 »	1210 »	1270 »	1235 »	1270 »	1242 50	256
257	1000	Caisse gén. du com. et de l'ind. A. Gouin et Cie...	257	1060 »	1000 »	1125 »	1017 50	1170 »	1050 »	1180 »	1072 50	1320 »	1140 »	257
258	5000	....	258	5083 »	5000 »	5100 »	5005 »	5165 »	5600 »	»	»	»	»	258
262	1000	Compt. d'esc. d. entrep. Estienne, Delachaume et Cie	262	»	»	»	»	1050 »	1030 »	»	»	»	»	262
264	1000	Compt. gén. du commerce. H. Ganneron et Cie...	264	»	»	»	»	1037 50	1025 »	1170 »	1040 »	1360 »	1140 »	264
265	500	Caisse centr. du com. et des ch. de fer. Daudon et Cie	265	»	»	»	»	»	»	»	»	520 »	495 25	265
293	1000	Banque de Belgique. Emission de 1835...	293	830 »	780 »	790 »	747 50	710 »	575 »	745 »	610 »	955 »	775 »	293
294	1000	— 1841...	294	1085 »	1025 »	1137 50	1040 »	1120 »	1070 »	1090 »	1075 »	1130 »	1070 »	294
295	1000	Banque foncière de Belgique...	295	775 »	775 »	»	»	»	»	»	»	»	»	295
297	1058	Soc. gén. de Belgique pour favoriser l'indust. nat.	297	1520 »	1460 »	»	»	»	»	1640 »	1560 »	1825 »	1560 »	297
298	1000	Société des actions réunies...	298	»	»	»	»	»	»	600 »	600 »	850 »	650 »	298
307	12500	Cie d'assurances générales maritimes. Act. nom.	307	22 1/2 0/0 b	13 0/0 b	23 0/0 b	15 0/0 b	14 0/0 b	25 1/2 0/0 b	5 0/0 b	5 0/0 b			307
309	5000	Sécurité............ Ass. maritimes.	309	9 0/0 b	7 0/0 b	9 0/0 b	2 1/2 0/0 b	10 0/0 b	17 0/0 b	14 0/0 b	20 0/0 b	12 0/0 b		309
310	5000	Union des Ports...	310	11 0/0 b	12 1/2 0/0 b	8 1/2 0/0 p	10 1/2 0/0 b	2 1/2 0/0 b	8 0/0 p	13/4 0/0 b				310
311	5000	Le Lloyd français............	311	15 0/0 b	13 0/0 b	43 1/2 0/0 b	12 0/0 b	19 0/0 b	14 0/0 b	21 0/0 b	16 0/0 b	»	»	311
312	5000	Océan............	312	»	»	»	»	32 0/0 b	24 0/0 b	»	»	»	»	312
313	5000	Indemnité............	313	»	»	»	»	15 0/0 b	6 0/0 b	17 0/0 l	13 0/0 b	»	»	313
314	5000	La Chambre............	314	7 1/2 0/0 b	7 1/2 0/0 b	7 1/2 0/0 b	6 0/0 b	9 0/0 b	7 1/2 0/0 b	42 0/0 l	9 0/0 b	9 0/0 b	9 0/0 b	314
315	5000	Mélusine............	315	»	»	»	»	»	»	1 0/0 l	pair.	3 0/0 b	3 0/0 b	315
316	5000	L'Avenir............	316	5 0/0 b	3 0/0 b	9 0/0 p	6 0/0 b	12 1/2 0/0 b	9 0/0 b	15 1/2 0/0 b	15 0/0 b	15 0/0 b	15 0/0 b	316
317	5000	Comptoir parisien............	317	pair.	pair.	2 0/0 b	1 0/0 b	8 0/0 b	3 0/0 b	15 0/0 b	11 0/0 b	»	»	317
318	6250	Le Trident............	318	»	»	2 0/0 b	»	2 0/0 b	3 1/4 0/0 b	3 0/0 b	pair.	pair.		318
319	5000	L'Espérance............	319	»	»	»	»	»	10 0/0 b	10 0/0 b	»	»	»	319

1842 à 1846. (Suite.)

REPÈRES.	PAIR OU TAUX D'ÉMISSION.	DÉNOMINATION des VALEURS.		REPÈRES.	1842.		1843.		1844.		1845.		1846.		REPÈRES.
					plus haut.	plus bas.	plus haut.	plus bas.	plus haut.	plus bas.	plus haut.	plus bas.	plus haut.	plus bas.	
320	5000	La Vigie	Ass. maritimes.	320	245 0/0 b	280 0/0 b	270 0/0 b	223 0/0 b	330 0/0 b	265 0/0 b	355 0/0 b	343 0/0 b	3 0/0 b	3 0/0 b	320
322	5000	Cⁱᵉ d'ass. gén. cont. l'incendie	Actions nom.	322	4900 »	4600 »	2640 »	4925 »	3950 »	2670 »	3150 »	3300 »	3300 »	3270 »	322
325	1000	Cⁱᵉ française du Phénix	Ass. incendie.	325	430 0/0 b	403 0/0 b	414 0/0 b		465 0/0 b	442 0/0 b	460 1/2 0/0 b	450 0/0 b	445 0/0 b	400 0/0 b	325
329	2000	Cⁱᵉ royale d'assur. cont. l'incendie	—	329	46 0/0 b	36 0/0 b	68 1/4 0/0 b	50 0/0 b	61 0/0 b	46 1/2 0/0 b	1 0/0 b	50 0/0 b	54 0/0 b	33 0/0 b	329
330	5000	L'Union	—	330			pair.				1 0/0 b	pair.	40 0/0 p		330
333	6000	Le Soleil	—	333	20 1/2 0/0 b	4 0/0 b	19 0/0 b	6 0/0 b	34 0/0 b	18 1/2 0/0 b	34 0/0 b	21 0/0 b	30 0/0 b	25 0/0 b	333
334	5000	La France	—	334	2 1/2 0/0 b	3 0/0 b	5 0/0 b	4 0/0 b	20 0/0 b		26 0/0 b	18 0/0 b	19 0/0 b	18 0/0 b	334
336	5000	L'Urbaine	—	336	pair.	4 0/0 b	4 1/2 0/0 b	2 0/0 b	9 0/0 b		11 0/0 b	8 1/2 0/0 b	6 0/0 b	2 1/2 0/0 p	336
337	5000	La Sécurité	—	337	1/3 0/0 b	1/2 0/0 b	41 0/0 b	3 0/0 b	30 0/0 b		28 0/0 b	25 0/0 b	26 0/0 b	44 0/0 b	337
338	2500	La Providence	—	338	pair.	5 1/4 0/0 p	pair.	1 1/2 0/0 b	9 0/0 b	4 1/2 0/0 p	9 0/0 b	2 1/2 0/0 b	8 0/0 b	8 0/0 b	338
339	5000	Indemnité	—	339					1 0/0 b	4 0/0 p			pair.	pair.	339
340	5000	L'Aigle	—	340	......	......	......	......	pair.	pair.		12 0/0 p	pair.	pair.	340
341	2500	Le Sauveur	—	341	......	......	......	......			5 0/0 b	3 0/0 b	5 0/0 b	5 0/0 b	341
342	3000	La Bienfaisante	—	342	......	......	......	......			4 0/0 b	2 0/0 b			342
343	5000	La Confiance	—	343	......	......	......	......				20 0/0 p			343
344	1000	Palladium	—	344	......	......	......	......							344
345	1000	La Réparatrice	—	345									20 0/0 b	20 0/0 b	345
346	1600	Cⁱᵉ d'ass. gén. sur la vie des hommes	Actions nom.	346	40 0/0 b	34 0/0 b	48 0/0 b	37 0/0 b	53 1/3 0/0 b	43 2/3 0/0 b	62 2/3 0/0 b	60 0/0 b	73 1/2 0/0 b	66 1/2 0/0 b	346
350	7500	L'Union	Ass. s. la vie.	350	5 0/0 b	1 0/0 b	14 1/4 0/0 b	7 1/4 0/0 b	19 1/2 0/0 b	13 1/2 0/0 b	24 0/0 b	18 0/0 b	46 0/0 b	13 0/0 b	350
351	5000	Cⁱᵉ royale d'assurances sur la vie	—	351	8 0/0 b	3 3/8 0/0 b	17 4/4 0/0 b	10 0/0 b	35 0/0 b	17 1/2 0/0 b	41 4/8 0/0 b	35 0/0 b	34 0/0 b	20 0/0 b	351
352	5000	La France	—	352			2 1/2 0/0 b	pair.	5 0/0 b	3 1/2 0/0 b	5 0/0 b	2 0/0 b	pair.	pair.	352
354	5000	La Providence	—	354	......	......	......	......	5 0/0 b	5 0/0 b	7 0/0 b	5 0/0 b			354
355	5000	Le Phénix	—	355	......	......	......	......			5 0/0 b	3 0/0 b	pair.	pair.	355
356	5000	L'Urbaine	—	356	......	......	......	......			2 0/0 b	pair.			356
360	5000	Saint-Étienne-Lyon	Chem. de fer.	360	6750 »	5325 »	7050 »	7010 »	»	»	8200 »	8200 »	»	»	360
361	500	Paris-Saint-Germain	—	361	897 50	800 »	872 50	770 »	1030 »	780 »	(917 50)	940 »	1160 »	1035 »	361
363	330	Montpellier-Cette	—	363	300 »	250 »	354 »	285 »	345 »	275 »	620 »	470 »	480 »	300 »	363
364	500	Paris-Versailles (rive droite)	—	364	367 50	242 50	325 »	240 »	320 »	340 »	675 »	440 »	500 »	387 50	364
365	500	— (rive gauche)	—	365	225 »	75 »	190 »	400 »	415 »	151 75	485 »	252 50	380 »	239 »	365
367	500	Mulhouse-Thann	—	367	385 »	370 »	440 »	320 »	460 »	350 »	430 »	360 »	»	»	367
368	1000	Cⁱᵗⁱˢ. Ph. de Masin et Cⁱᵉ	Salines et ch. fer	368	»	325 »	280 »	200 »	»	»	»	»	30 »	20 »	368
370	500	Bordeaux-La-Teste	Chem. ᵈᵉ fer.	370	340 »	335 »	»	»	»	»	275 »	432 50	205 »	100 »	370
372	500	Strasbourg-Bâle	—	372	282 50	495 25	232 50	180 »	320 »	212 50	348 75	205 »	365 »	312 50	372
373	550	Paris-Orléans	—	373	633 75	505 »	840 »	645 »	1132 50	830 »	1422 50	1035 »	1330 »	1190 »	373
374	néant.	— Actions de jouissance.		374					»	»	»	»	920 »	850 »	374
376	500	Paris-Rouen	—	376	680 »	465 »	830 »	680 »	4087 50	817 50	4235 »	865 »	1080 »	841 »	376
377	500	Rouen-Havre	—	377			638 75	505 »	837 50	610 »	995 »	700 »	830 »	580 »	377
379	500	Avignon-Marseille	—	379			610 »	555 »	942 50	652 50	1200 »	800 »	1025 »	650 »	379
380	500	Centre (Orléans-Vierzon)	—	380					750 »	660 »	945 »	650 »	770 »	555 »	380
381	500	Amiens-Boulogne	—	381					691 »	350 »	740 »	480 »	580 »	430 »	381
382	500	Orléans-Bordeaux	—	382					660 »	560 »	815 »	525 »	690 »	513 »	382
384	500	Paris-Sceaux	—	384					640 »	596 »	785 »	590 »	540 »	473 »	384
385	500	Montereau-Troyes	—	385							640 »	»	463 50	312 50	385
389	500	Loire (Andrézieux-Roanne)	—	389							415 »	250 »	340 »	333 »	389
390	500	Nord	—	390							860 »	618 75	808 »	645 »	390
391	500	Fampoux-Hazebrouck	—	391							537 50	465 »	566 25	380 »	391
392	500	Dieppe-Fécamp	—	392							537 50	470 »	500 »	352 50	392
393	500	Est (Paris-Strasbourg)	—	393							553 50	315 »	570 »	473 75	393
395	500	Tours-Nantes	—	395							590 »	535 »	600 »	480 »	395
398	500	Paris-Lyon	—	398							647 50	590 »	660 »	480 »	398
399	500	Lyon-Avignon	—	399									513 75	461 25	399

1842 à 1846. *(Suite.)*

REPÈRES.	PAIR OU TAUX	DÉNOMINATION des VALEURS.	REPÈRES.	1842. plus haut.	1842. plus bas.	1843. plus haut.	1843. plus bas.	1844. plus haut.	1844. plus bas.	1845. plus haut.	1845. plus bas.	1846. plus haut.	1846. plus bas.	REPÈRES.
399	500	Bordeaux-Cette............ Chem. de Fer.	399	......	......	......	......	......	......	......	......	485 »	415 »	399
423	500	Anvers-Gand............... —	423	......	......	......	......	......	......	800 »	860 »	600 »	525 »	423
426	500	Charleroi-Erquelines....... —	426	......	......	......	......	......	......	580 »	497 50	512 50	363 »	426
437	500	Cie Anglo-Belge............. —	437	......	......	......	......	......	......	512 50	527 50	» »	» »	437
444	1000	Naples-Nocéra-Castellamare. —	444	......	......	......	......	......	......	1090 «	1035 »	» »	» »	444
463	5000	Canal d'Aire à La Bassée................	463	» »	» »	» »	» »	6600 »	6600 »	7000 »	6500 »	6800 »	6800 »	463
464	Néant.	Cie des 4 canaux. Actions de jouissance...	464	170 »	130 »	137 50	132 50	135 »	120 »	112 50	110 »	125 »	100 »	464
466	Néant.	Canal du Rhône au Rhin.............	466	545 »	505 »	» »	» »	110 »	90 »	» »	» »	» »	» »	466
467	Néant.	Canal de Bourgogne. Actions de jouissance.	467	118 75	85 »	412 50	90 »	110 »	90 »	102 50	82 50	83 »	65 »	467
469	1000	Canal de jonction de la Sambre à l'Oise..	469	675 »	600 »	630 »	530 »	600 »	400 »	860 »	600 »	800 »	725 »	469
470	4000	Soc. de la Scarpe inf. C. Buyard de la Vingtrie et Cie	470	» »	» »	1250 »	1200 »	» »	» »	1250 »	1250 »	» »	» »	470
471	4000	Sambre française canalisée............	471	» »	» »	» »	» »	» »	» »	» »	» »	» »	» »	471
473	500	Canal de Roanne à Digoin.............	473	340 »	260 »	» »	» »	» »	» »	» »	» »	» »	» »	473
474	Néant.	Canal d'Aigues-Mortes à Beaucaire.....	474	» »	» »	» »	» »	» »	» »	» »	» »	8000 »	8000 »	474
475	4000	Canal Saint-Martin. Omnium..........	475	» »	» »	» »	» »	1425 »	1400 »	1300 »	1300 »	» »	» »	475
476	4000	Actions de capital...	476	» »	» »	» »	» »	1150 »	1130 »	900 «	900 »	» »	» »	476
477	Néant.	Actions de jouissance...	477	» »	» »	» »	» »	315 »	239 »	200 »	200 »	» »	» »	477
486	250	Omn. des ch. defer. Moreau-Chaston, C. David et Cie	486	» »	» »	188 75	100 »	185 »	170 »	» »	» »	» »	» »	486
487	1000	Messag. générales de France, Caillard et Cie...	487	» »	» »	900 »	900 »	650 »	650 »	700 »	700 »	» »	» »	487
489	1000	Ent. gén. des Omnib. St-Céran, Baudry et Boitard	489	2500 »	2500 »	2700 »	2525 »	2900 »	2800 »	3000 »	2700 »	2950 »	2775 »	489
490	1000	Soc. g. én. des Parisiennes. Desmoulins, Buille et Cie	490	» »	» »	» »	» »	500 »	500 »	» »	» »	» »	» »	490
491	1000	Orléanaises. Michel Moreau et Cie, Beryer et Cie	491	» »	» »	» »	» »	1360 »	1100 »	» »	» »	» »	» »	491
492	800	Entrep. génér. des Favorites, Prat et Cie...	492	» »	» »	» »	» »	» »	» »	2125 «	1960 »	» »	» »	492
493	1000	Citadines. Camille Gorré, Daux et Cie...	493	» »	» »	» »	» »	» »	» »	» »	» »	1040 »	1090 »	493
503	1000	Trois vieux ponts sur Seine..........	503	1620 »	1550 »	1680 »	1605 »	1715 »	1680 »	1550 »	1430 »	1300 »	1100 »	503
504	500	Pont, port et gare de Grenelle.......	504	» »	» »	100 »	100 »	» »	» »	» »	» »	100 »	100 »	504
506	4000	Pont du Carrousel...................	506	» »	» »	1800 »	1800 »	» »	» »	» »	» »	» »	» »	506
507	500	Pont de Bercy........................	507	» »	» »	630 »	530 »	» »	» »	» »	» »	» »	» »	507
510	»	Pont de Beaucaire...................	510	960 »	950 »	990 »	990 »	» »	» »	» »	» »	» »	» »	510
537	500	Houillères de la Haute-Loire........	537	» »	» »	» »	» »	» »	» »	350 »	200 »	340 »	310 »	537
539	1000	Houillères de la Grand'Combe et ch. de fer du Gard	539	1300 »	1155 »	1475 »	1250 »	1575 »	1360 »	1800 »	1490 »	1600 »	1420 »	539
541	500	Houillères de la Chazotte............	541	450 »	450 »	575 »	480 »	600 »	500 »	1000 »	740 »	800 »	600 »	541
549	1000	Charb. de Pont-de-Leup-Sud.........	549	330 »	325 »	250 »	230 »	200 »	200 »	» »	» »	» »	» »	549
551	1000	Houillères de Layon et Loire........	551	» »	» »	» »	» »	975 »	975 »	» »	» »	» »	» »	551
552	1000	Houillères de Chaney-Saint-Etienne..	552	» »	» »	» »	» »	430 »	430 »	» »	» »	» »	» »	552
559	1000	Houillères et ch. de fer d'Epinac.....	559	4250 »	3800 »	» »	» »	7000 »	7000 »	» »	» »	9500 »	9300 »	559
560	10000	Cie houillère de Bouquies et Cahuac. J.J. Lecouvet et Cie	560	625 »	625 »	» »	» »	» »	» »	» »	» »	» »	» »	560
590	500	Cie des charbonnages belges..........	590	» »	» »	» »	» »	» »	» »	» »	» »	650 »	505 »	590
592	1000	Asphaltes de Pyrimont-Seyssel. A. Roehn et Cie..	592	» »	» »	1600 »	375 »	900 »	610 »	» »	» »	500 »	500 »	592
593	1000	Asphaltes de Bastennes. Grémilly et Cie	593	600 »	600 »	940 »	860 »	» »	» »	» »	» »	» »	» »	593
601	100	Mines de Mouzaia. P. et A. Henry et Cie	601	......	......	......	......	......	......	585 »	507 50	» »	» »	601
603	1000	Soc. de l'Antonius et d. min. réunies. C. Rachazet Cie	603	......	......	......	......	......	......	» »	» »	1325 »	1250 »	603
604	100	Mines de zinc de la Vieille-Montagne...	604	320 »	180 »	462 50	390 »	432 50	330 »	775 »	445 »	720 »	555 »	604
610	4000	Société de la Nouvelle-Montagne......	610	......	......	......	......	......	......	3400 »	2500 »	3000 »	2600 »	610
612	375	Mines de zinc de Stolberg...........	612	......	......	......	......	......	......	» »	» »	2625 »	2105 »	612
												730 »	600 »	

1842 à 1846. (Fin.)

REPÈRES.	PAIR OU TAUX D'ENCAISSEMENT.	DÉNOMINATION des VALEURS.	REPÈRES.	1842.		1843.		1844.		1845.		1846.		REPÈRES.
				plus haut.	plus bas.	plus haut.	plus bas.	plus haut.	plus bas.	plus haut.	plus bas.	plus haut.	plus bas.	
619	500	Forges de l'Aveyron (Decazeville)........	619	4000 »	3000 »	4200 »	3800 »	4000 »	3750 »	6275 »	3500 »	6500 »	5700 »	619
620	3000	Forges d'Alais................................	620	»	»	»	»	»	»	»	»	2400 »	2300 »	620
621	1000	Hauts-Fourneaux du Nord (Maubeuge)...	621	......	......	......	......	......	......	......	......	1575 »	1250 »	621
616	500	— de Monceau	616	......	......	......	......	......	......	1000 »	800 »	1380 »	975 »	616
647	4000	Charb. et Hauts-Fourneaux de l'Espérance...	647	......	......	......	......	......	......	......	......	1690 »	1450 »	647
651	500	Galvanisation du fer. Hector Ledru et C°.	651	230 »	150 »	125 »	125 »	275 »	275 »	575 »	285 »	500 »	500 »	651
674	500	Entrepôts des Batignolles. Heim et C°.....	674	......	......	......	......	......	......	680 »	530 »	»	»	674
675	500	Entrepôts du Nord. Gabriel Heim et C°..	675	......	......	......	......	......	......	630 »	530 »	»	»	675
682	2500	Gaz de Paris, C° anglaise. Manby, Wilson et C°...	682	»	»	6800 »	3800 »	8000 »	6300 »	9650 »	7700 »	8950 »	7350 »	682
683	500	— C° française. Larrieu, Brunton, Pillé et C°.	683	666 66	666 66	825 »	785 »	1043 7	875 »	1475 »	1031 25	1225 »	1000 »	683
684	500	Gaz de Belleville. A. Ribot et C°........	684	......	......	1075 »	1075 »	1300 »	1000 »	1725 »	1250 »	1620 »	1400 »	684
685	1000	— de Paris. C° paris. Dubochet, Pauwels, Piltiel C°	685	......	......	......	......	2130 »	1350 »	2350 »	2200 »	»	»	685
686	500	— Société Lacarrière et C°....	686	......	......	......	......	......	......	1500 »	1412 50	1250 »	1250 »	686
687	500	— C° du Nord. Louis Gosse et C°..	687	......	......	......	......	......	......	700 »	680 »	645 »	587 50	687
688	500	— C° de l'Ouest. Ch. Gosselin et C°.	688	......	......	......	......	......	......	737 50	725 »	»	»	688
699	500	L'Iris. Ch. Boulanger et C°................	699	......	......	......	......	......	......	515 »	515 »	670 »	615 »	699
705	500	Gaz d'Alençon. Bunot de Choisy et C°....	705	......	......	......	......	......	......	565 »	545 »	»	»	705
706	500	— d'Alger. Louis de Choisy et C°..	706	......	......	......	......	......	......	315 »	310 »	305 »	302 50	706
707	500	— d'Arles. L.-C. de Choisy et C°...	707	......	......	......	......	......	......	»	»	»	»	707
708	300	— Dolbec. Soultzener, Lamy de Villechère et C°	708	......	......	......	......	......	......	1425 »	1100 »	540 »	325 »	708
709	1000	— de Calais, St-Pierre. Bertrand-Barbier et C°	709	......	......	......	......	......	......	660 »	535 »	»	»	709
710	500	— Cherbourg et Lorient. De Choisy et C°	710	......	......	......	......	400 »	390 »	570 »	370 »	510 »	510 »	710
715	300	— de Laval..........................	715	......	......	......	......	......	......	700 »	630 »	350 »	350 »	715
716	500	— de Mézières et Charleville.......	716	......	......	......	......	......	......	515 »	515 »	600 »	600 »	716
717	500	— de Sedan. Camille de Choisy et C°...	717	......	......	......	......	......	......	675 »	575 »	»	»	717
724	500	— de Thann...........................	724	......	......	......	......	......	......	»	»	700 »	630 »	724
725	500	— de Troyes. Blanchet et C°.......	725	......	......	500 »	500 »	530 »	530 »	»	»	»	»	725
730	500	— de Versailles. Ch. Gosselin et C°	730	......	......	......	......	......	......	»	»	650 »	650 »	730
731	500	Fil de lin d'Amiens (Maberly)............	731	375 »	295 »	430 »	330 »	600 »	335 »	837 50	580 »	775 »	575 »	731
732	1000	Société de Pont-Rémy. Lienart fils et C°.	732	550 »	550 »	»	»	»	»	725 »	350 »	»	»	732
735	625	C° continentale (Boutognel). Hopwood-Rosson et C°	735	......	......	......	......	250 »	250 »	720 »	675 »	»	»	735
736	500	Union linière. Wohrnitz et C°..............	736	......	......	......	......	......	......	680 »	470 »	500 »	325 »	736
737	500	Filat. rouennaise. L. Lebaudy, E. Basile et C°	737	......	......	......	......	......	......	500 »	500 »	515 »	505 »	737
738	500	C° lino-chanvrière...........................	738	......	......	......	......	......	......	520 »	510 »	»	»	738
739	500	Filature de Prévent. Millecamps et C°...	739	......	......	......	......	......	......	......	......	510 »	350 »	739
752	1000	Papeterie de Prouzel. Tavernier, Obry et C°...	752	1100 »	1100 »	......	......	......	......	500 »	305 »	250 »	250 »	752
754	230	Société gén. des annonces. Ch. Duveyrier et C°	754	......	......	......	......	......	......	»	»	»	»	754
762	500	Savon. À la vapeur de l'Ourcq. Chaudron-Junot et C°	762	»	»	»	»	»	»	»	»	25 »	25 »	762
764	500	— des Batignolles-Monceaux. Droux et C°.	764	......	......	......	......	130 »	150 »	......	......	»	»	764
765	500	— à la vap. du pont de Flandre. C. Vallée et C°	765	»	»	200 »	200 »	»	»	......	......	»	»	765
770	1000	Glacières de St-Ouen, Gentilly, etc. A. Blée et C°	770	......	......	......	......	......	......	1510 »	1360 »	»	»	770
774	1000	C° gén. de desséch. Thurninger, Guyardin et C°.	774	300 »	300 »	250 »	250 »	......	......	100 »	100 »	»	»	774
775	5000	C° d'Arcachon. Eur. Cazeaux et C°.......	775	4550 »	2600 »	......	......	......	......	»	»	»	»	775
780	500	C° gén. des engrais. Baronnet et C°.......	780	......	......	......	......	......	......	560 »	510 »	»	»	780
786	»	C° belge de colonisation.....................	786	......	......	1000 »	1000 »	1000 »	975 »	......	......	......	......	786

1847 à 1851.

REPÈRES.	PAIR OU TAUX D'AMORTISSEMENT	DÉNOMINATION des VALEURS.	REPÈRES.	1847. plus haut.	1847. plus bas.	1848. plus haut.	1848. plus bas.	1849. plus haut.	1849. plus bas.	1850. plus haut.	1850. plus bas.	1851. plus haut.	1851. plus bas.	REPÈRES.
		VALEURS A REVENU FIXE.												
3	100	5 0/0	3	119 10	113 35	117 50	30 »	92 70	74 »	97 40	86 70	103 »	89 10	3
6	100	3 0/0, 1825	6	80 30	74 65	75 20	32 50	58 50	44 70	58 80	53 90	67 »	54 50	6
7	100	4 1/2 0/0, 1825	7	110 25	102 »	104 »	50 »	81 »	66 »	85 »	76 »	100 »	78 »	7
8	100	4 0/0, 1830	8	105 »	99 25	103 »	46 »	72 35	57 »	76 50	64 »	81 75	69 50	8
14	100	Emprunt 3 0/0, 1847	14	77 30	76 05	76 25	34 75	»	»	»	»	»	»	14
15	100	Emprunt 5 0/0, 1848	15			79 »	63 »	90 »	73 70					15
16	100	Certif. de conversion d'actions de Lyon, 5 0/0	16			79 »	63 75	91 40	74 »					16
17	100	Emprunt 5 0/0, 1850	17							95 »	94 75	96 80	91 40	17
18	100	— 3 0/0, 1850	18							56 85	56 30	58 30	56 70	18
29	1250	C⁺ des 4 canaux. Actions de capital	29	1255 »	1175 »	1205 »	650 »	1105 »	900 »	1130 »	1060 »	1152 50	1070 »	29
32	1000	Canal de Bourgogne. Actions de capital	32	1062 50	1020 »	1030 »	635 »	980 »	737 50	972 50	865 »	1000 »	900 »	32
35	1000	Canal d'Arles à Bouc. Actions de capital	35	»	»	»	»	885 »	885 »	»	»	»	»	35
38	1250	C⁺ des 3 canaux. Actions de capital	38	1200 »	1185 »	»	»	1025 »	840 »	1110 »	1015 »	1075 »	1030 »	38
39	100	Rentes 3 0/0 de la ville de Paris	39	102 50	100 »	100 »	95 »	95 »	88 »	101 »	93 30	99 30	99 30	39
41	1000	Ville de Paris. Oblig. 1832, 4 0/0. Emprunt loterie	41	1260 »	1255 »	1320 »	865 »	1310 »	1000 »	1440 50	1230 »	1430 »	1310 »	41
42	1000	— 1849, 5 0/0...Emprunt lot.	42					1125 »	1025 »	1190 »	1104 75	1185 »	1123 »	42
43	Néant.	Trois vieux ponts sur Seine. Annuités municip.	43							1050 »	930 »	1015 »	950 »	43
46	1000	Département de la Seine. Oblig. 1849. Emp. lot.	46					1097 50	1050 »	1085 »	1045 »	1100 »	1010 »	46
50	1000	Ville de Marseille. Emp. 5 0/0. 1849. Emp. lot.	50							1077 50	1010 »	1095 »	1035 »	50
60	1000	Liste civile. — Obligations	60							1041 25	975 »	1062 50	1033 »	60
61	100	Angleterre, 3 0/0 consolidé. (Bourse de Londres)	61	94 »	78 3/4	90 »	79 7/8	97 5/8	88 5/8	98 3/4	94 5/9	99 1/8	93 3/4	61
62	100	Autriche, 5 0/0. Métalliques	62	105 »	104 1/4	100 »	96 »	94 »	81 1/2	»	»	95 »	95 »	62
64	100	— Lois de 1831	64	415 »	373 »	412 50	290 »	410 »	300 »	407 50	351 50	435 »	275 »	64
65	100	— 3 0/0. Métalliques...Empr. lotor.	65	»	»	»	»	74 »	74 »	»	»	76 »	70 1/6	65
73	100	Belgique, 5 0/0	73	70 »	68 1/4	68 3/4	44 »	63 1/4	52 »	67 »	62 1/2	65 1/8	63 3/4	73
74	100	— 5 0/0, 1840	74	102 3/4	97 1/4	99 »	48 »	98 »	84 »	101 1/2	96 5/8	103 »	98 1/2	74
75	100	— 5 0/0, 1842	75	103 »	97 3/4	99 1/2	49 »	98 »	82 1/2	101 1/2	96 »	103 »	98 1/2	75
76	100	— 2 1/2 0/0	76	56 1/3	50 1/2	52 3/4	26 »	50 »	45 3/4	51 1/8	45 5/8	51 3/4	80 »	76
86	100	— 4 1/2 0/0	86	98 »	89 »	92 1/4	44 »	89 1/2	73 »	92 7/8	88 1/2	93 »	89 1/2	86
87	100	Deux-Siciles (Naples), 5 0/0	87	103 75	98 »	103 »	47 »	96 50	77 50	99 »	91 25	101 »	96 50	87
88	100	Espagne. — Dette différée, 1831	88	3 1/4	3 1/4	»	»	»	»	»	»	»	»	88
89	100	— 1831	89	16 1/4	9 »	5 »	5 »	3 3/4	3 »	12 1/2	10 »	6 1/2	4 3/4	89
90	100	— 5 0/0 dette active, 1834	90	34 »	20 1/2	26 1/2	11 1/4	26 »	15 »	26 »	22 1/2	28 »	16 »	90
91	100	— dette passive, 1834	91	3 3/4	3 1/4	5 »	2 1/4	4 1/4	2 5/8	4 1/8	3 3/4	6 3/4	3 5/8	91
92	100	— 3 0/0 extérieur, 1841	92	25 7/8	27 3/4	32 1/4	15 »	29 »	23 3/4	35 5/8	33 5/8	43 3/4	35 1/2	92
93	100	— 3 0/0 intérieur, 1841	93	32 1/2	23 »	26 5/8	14 »	30 7/8	19 1/8	34 7/8	28 1/4	39 1/4	31 3/4	93
101	100	États-Unis, 6 0/0. État Ohio	101	108 »	100 »	»	»	106 »	100 »	»	»	»	»	101
102	100	Grèce, 5 0/0, 1831. Garantie française	102	96 »	96 »	101 3/4	74 »	92 1/2	88 1/2	93 »	87 »	93 »	85 »	102
103	100	— 5 0/0, 1832. Garantie russe	103	»	»	101 3/4	101 3/4	101 »	99 3/4	»	»	»	»	103
104	1000	Haïti. Emprunt 1825 (Annuités)	104	330 »	210 »	315 »	102 50	300 »	185 »	190 »	170 »	170 »	120 »	104
108	100	Hollande, 2 1/2 0/0	108	58 3/4	53 1/2	54 1/2	46 »	58 3/4	45 1/4	59 4/8	55 5/8	61 1/2	58 3/8	108
109	100	— 4 0/0	109	84 »	»	»	»	»	»	88 »	88 »	88 »	88 »	109
112	100	Portugal, 5 0/0, 1832. Obligations miguélistes	112	36 »	4 1/2	»	»	»	»	36 »	33 1/2	34 1/2	31 5/8	112
118	100	— 5 0/0 différé, 1840	118	»	»	18 1/4	20 1/2	29 »	25 »	»	»	»	»	118
119	100	Rome, 5 0/0	119	102 1/4	91 »	91 »	47 »	85 1/2	65 »	87 »	75 1/4	90 »	73 3/4	119
120	100	— 1850	120							80 1/4	76 »	91 »	73 1/4	120
122	1000	Russie, 4 1/2 0/0, 1849	122	»	»	»	»	»	»	97 1/2	93 »	103 »	93 5/8	122
123	1000	Sardes (États). Piémont. Ob. 1834...Emp. lot.	123	1200 »	1088 »	1082 75	640 »	992 50	760 »	995 »	915 »	1000 »	920 »	123

1847 à 1851. (Suite.)

REPÈRES.	PAIR OU TAUX DE REMBOURSEMENT	DÉNOMINATION des VALEURS.	REPÈRES.	1847.		1848.		1849.		1850.		1851.		REPÈRES.
				plus haut.	plus bas.	plus haut.	plus bas.	plus haut.	plus bas.	plus haut.	plus bas.	plus haut.	plus bas.	
122	1090	Sardes (États). Piémont. Obl. 1849....Emp. lot	122	....	....	....	....	940 »	750 »	940 »	912 50	950 »	865 »	122
123	100	— 5 0/0 1849....	123	....	....	....	....	90 80	82 50	91 55	81 »	92 »	78 »	123
124	100	— 5 0/0 1850....	124	....	....	....	....	....	....	85 55	84 75	85 50	78 »	124
125	1000	— Obl. 1850...Emp. lot	125	....	....	....	....	....	....	....	....	985 »	850 »	125
126	100	Toscane, 5 0/0 1849..................	126	....	....	....	....	79 »	74 »	77 1/2	72 »			126
135	1000	Obligations 4 0/0 de la Caisse hypothécaire. ...	135	485 »	461 25	465 »	400 »	480 »	410 »	475 »	485 »			135
145	1250	Obligations Paris-Saint-Germain, 1839, 4 0/0....	145	1160 »	1060 »	»	»	950 »	855 »	1100 »	910 »	1100 »	1080 »	145
146	1000	— Paris-Versailles, R. D., 1839, 5 0/0..	146	1010 »	987 50	985 »	500 »	780 »	550 »	925 »	720 »	930 »	893 »	146
148	1250	— Saint-Étienne à Lyon, 1841, 4 0/0...	148	1180 »	1122 50	1100 »	1100 »	950 »	930 »	1017 50	985 »	1010 »	915 »	148
151	1250	— Paris-Saint-Germain, 1848-49, 4 0/0.	151	1150 »	1060 »	1050 »	650 »	915 »	860 »	937 50	850 »	1025 »	895 »	151
152	1250	— Paris-Orléans, 1842, 4 0/0........	152	1225 »	1165 »	1165 »	690 »	1000 »	900 »	1025 »	935 »	1070 »	1060 »	152
153	1250	— Paris-Versailles, R. D., 1843, 4 0/0..	153	1080 »	1035 »	1015 »	500 »	810 »	650 »	875 »	800 »	990 »	835 »	153
154	1250	— Bordeaux-la-Teste, 1843, 4 0/0......	154	1000 »	455 »	»	»	»	»	»	»	»	»	154
155	1250	— Strasbourg-Bâle, 1843, 4 0/0.......	155	1100 »	998 75	»	»	»	»	850 »	825 »	900 »	810 »	155
156	1250	— Montpellier-Cette, 1844, 4 0/0......	156	»	»	»	»	»	»	»	»	»	»	156
157	1250	— Paris-Rouen, 1843, 3.20 0/0........	157	999 75	910 »	895 »	640 »	745 »	700 »	795 »	765 »	925 »	760 »	157
158	1250	— Rouen-Havre, 1845-47, 4 0/0.......	158	1062 50	977 50	1005 »	525 »	752 50	570 »	835 »	685 »	900 »	700 »	158
159	1250	— Paris-Sceaux, 1847, 4 0/0.........	159	1000 »	1000 »	1000 »	»	»	»	250 »	200 »	»	»	159
160	1250	— Paris-Rouen, 1847-49, 4 0/0.......	160	1015 »	1005 »	1025 »	640 »	900 »	715 »	935 »	875 »	1025 »	938 75	160
161	1000	— Avignon-Marseille, 1847, 4 0/0.....	161	»	»	1020 »	875 »	950 »	700 »	1050 »	992 50	»	»	161
162	1250	— Paris-Orléans, 1848, 4.4 0/0.......	162	»	»	920 »	735 »	1010 »	911 »	1040 »	911 »	1030 »	985 »	162
163	1250	— Rouen-Havre, 1848, 4.4 0/0........	163	....	....	....	....	885 »	750 »	960 »	842 50	1015 »	900 »	163
164	250	— Montpellier-Cette, 1848, 5 0/0......	164	....	....	....	....	150 »	150 »	190 »	190 »	»	»	164
165	1250	— Avignon-Marseille, 1850, 4 0/0.....	165	....	....	....	....	....	....	957 50	910 »	1010 »	925 »	165
166	1250	— Montereau-Troyes, 1850, 4 0/0.....	166	....	....	....	....	....	....	939 »	800 »	985 »	975 »	166
167	500	— Andrézieux-Roanne	167	....	....	....	....	....	....	410 »	400 »	400 »	390 »	167
168	500	— Nord, 3 0/0.......................	168	....	....	....	....	....	....	....	....	271 25	250 »	168
169	300	— Amiens-Boulogne, 4 0/0...........	169	....	....	....	....	....	....	....	....	305 »	305 »	169
214	1000	Obligations Canal Sambre à l'Oise, 1839, 3 0/0...	214	1008 75	1000 »	985 »	895 »	990 »	900 »	1000 »	975 »	1000 »	980 »	214
215	1050	— 1850, 4.77 0/0	215	....	....	....	....	....	....	989 »	980 »	1000 »	980 »	215
216	1000	— Canal des Alpines, 5 0/0.........	216	600 »	600 »	»	»	»	»	»	»	»	»	216
220	1250	— Houillère Haute-Loire, 4 0/0....	220	1017 50	1015 »	»	»	»	»	»	»	»	»	220
221	1250	— Mines de la Loire, 4 0/0.......	221	....	....	....	....	985 »	875 »	1000 »	912 50	985 »	960 »	221
222	1200	— Mines Grand'Combe, 1840, 4.44 0/0	222	1020 »	1065 »	1025 »	1025 »	....	....	847 50	780 »	870 »	800 »	222
224	1250	— 1844, 4.4 0/0..	224	1100 »	1045 »	1025 »	1025 »	....	....	847 50	780 »	870 »	800 »	224
229	500	— Decazeville (Aveyron), 1848, 8 1/2 0/0	229	....	....	330 »	350 »	420 »	375 »	400 »	400 »	410 »	410 »	229
234	1000	— Lits militaires, 5 0/0..........	234	985 »	930 »	955 »	685 »	860 »	700 »	913 »	820 »	940 »	875 »	234
		VALEURS A REVENU VARIABLE.												
249	1000	Banque de France.....................	249	3460 »	3440 »	3230 »	950 »	2500 »	1650 »	2425 »	2040 »	2020 »	2020 »	249
250	1000	Caisse hypothécaire...................	250	290 »	230 »	250 »	95 »	180 »	105 »	162 50	125 »	175 »	145 »	250
256	1000	Banque du Havre.....................	256	1300 »	1300 »	»	»	»	»	»	»	»	»	256
257	1000	Caisse g. du comm. et de l'Ind., J. Gouin et Cie	257	1205 »	1130 »	1095 »	1070 »	....	....	....	....	....	....	257
259	1250	Compt. d'esc.d.entrep., Estienne, Delachaume et Cie	259	1000 »	875 »	....	....	....	....	....	....	....	....	259
261	1000	Comptoir gén. du commerce, H. Ganneron et Cie	261	1185 »	960 »	1000 »	120 »	....	....	....	....	....	....	261
263	500	Caisse centr. du com. etdes ch. de fer, Baudon et Cie	263	500 »	455 »	475 »	215 »	560 »	225 »	400 »	»	»	»	263
266	1000	Caisse commerciale, Bechet, Dethomas et Cie...	266	1030 »	900 »	960 »	550 »	....	....	....	....	....	....	266
267	500	—	267	....	....	....	....	350 »	350 »	405 »	382 50	440 »	375 »	267
268	1200	Banque d'Alger.......................	268	....	....	1300 »	700 »	....	....	....	....	....	....	268

1847 à 1851. (Suite.)

REPÈRES.	PAIR OU TAUX D'EMISSION.	DÉNOMINATION DES VALEURS.	REPÈRES.	1847. plus haut.	1847. plus bas.	1848. plus haut.	1848. plus bas.	1849. plus haut.	1849. plus bas.	1850. plus haut.	1850. plus bas.	1851. plus haut.	1851. plus bas.	REPÈRES.
269	500	Comptoir d'escompte de Paris	269	»	»	»	»	»	»	375 »	330 »	530 »	420 »	269
293	1000	Banque de Belgique, Émission de 1835	293	945 »	860 »	8.0 »	510 »	815 »	630 »	825 »	780 »	810 »	700 »	293
294	1000	— 1841	294	1125 »	6080 »	977 50	950 »	1020 »	960 »	»	»	»	»	294
297	1038	Soc. gén. de Belgique pour favoriser l'indust. nat.	297	1630 »	1530 »	»	»	»	»	1127 50	1055 »	»	»	297
307	12500	C^e d'assur. génér. maritimes. Actions nominatives	307	10 0/0 b	5 0/0 b	10 0/0 b	9 0/0 b	10 0/0 b	8 0/0 b	17 0/0 b	5 0/0 b	10 0/0 b	6 0/0 b	307
310	5000	Sécurité — Assur. marit.	310	14 0/0 b	14 0/0 b	»	»	4 0/0 b	4 0/0 b	9 1/2 0/0 b	8 0/0 b	12 0/0 b	8 0/0 b	310
310	5000	Union des ports	310	8 0/0 b	10 0/0 b	11 0/0 b	11 0/0 b	5 0/0 b	10 0/0 b	3 1/2 0/0 b	5 0/0 b	4 0/0 b	6 1/2 0/0 b	310
311	5000	Océan	311	5 0/0 b	»	pair.	pair.	»	1 0/0 b	pair.	»	2 0/0 b	5 0/0 b	311
312	5000	—	312	»	»	»	»	»	»	»	»	»	»	312
313	4000	Indemnité	313	»	»	pair.	pair.	»	»	»	»	pair.	pair.	313
314	5000	La Chambre	314	6 0/0 b	5 0/0 b	»	»	»	»	3 0/0 b	»	5 0/0 b	3 0/0 b	314
315	5000	Mélusine	315	pair.	pair.	»	»	11 0/0 p	11 0/0 p	6 3/4 0/0 b	6 3/4 0/0 b	4 1/2 0/0 b	6 0/0 b	315
316	6250	Le Trident	316	»	»	20 0/0 b	20 0/0 b	»	»	»	»	»	»	316
319	5000	L'Espérance	319	»	»	»	»	pair.	pair.	30 0/0 b	30 0/0 b	2 1/2 0/0 b	2 1/2 0/0 b	319
320	5000	La Vigie	320	»	»	»	»	»	»	»	»	7 0/0 p	7 0/0 p	320
321	5000	La Sauvegarde	321	»	»	»	»	»	»	»	»	»	»	321
327	5000	C^e d'assur.gén. contre l'incen. Actions nominatives	327	295 0/0 b	265 0/0 b	270 0/0 b	265 0/0 b	240 0/0 b	220 0/0 b	320 0/0 b	255 0/0 b	400 0/0 b	265 0/0 b	327
318	5000	C^e française ou Phénix. Assur. incendie.	318	2600 »	2360 »	2250 »	1200 »	2100 »	1500 »	2175 »	2050 »	2500 »	2100 »	318
320	5000	La Nationale (anc. comp. royale)	320	115 0/0 b	105 0/0 b	110 0/0 b	67 0/0 b	95 0/0 b	75 0/0 b	100 0/0 b	85 0/0 b	102 0/0 b	95 0/0 b	320
319	5000	L'Union	319	35 0/0 b	31 1/2 0/0 b	20 0/0 b	5 0/0 p	26 0/0 b	15 0/0 b	29 0/0 b	18 0/0 b	45 0/0 b	27 0/0 b	319
332	6000	Le Soleil	332	»	»	pair.	pair.	pair.	pair.	10 0/0 b	4 0/0 b	25 0/0 b	15 0/0 b	332
333	5000	La France	333	20 0/0 b	»	4 0/0 b	»	12 0/0 b	5 1/2 0/0 b	1/2 0/0 b	4 0/0 b	21 0/0 b	5 0/0 b	333
335	4400	Le Réparateur (Villetta et Ce)	335	»	»	»	»	»	»	42 0/0 p	»	»	»	335
336	5000	L'Urbaine	336	6 0/0 b	5 0/0 b	6 0/0 b	5 0/0 b	5 0/0 b	pair.	10 0/0 b	5 0/0 b	15 0/0 b	5 0/0 b	336
338	5000	La Sécurité	338	6 0/0 b	3 0/0 b	»	»	5 1/2 0/0 b	»	»	»	»	»	338
341	2500	La Providence	341	14 0/0 b	7 0/0 b	9 0/0 b	9 0/0 b	»	»	4 0/0 b	2 0/0 b	pair.	1 0/0 b	341
342	5000	La Bienfaisance	342	1 0/0 b	1 0/0 b	4 0/0 b	1 0/0 b	»	»	»	»	»	»	342
343	5000	La Confiance	343	»	»	pair.	pair.	»	»	»	»	1 0/0 b	pair.	343
344	5000	Palladium	344	»	»	»	»	»	»	»	»	»	»	344
345	4000	La Réparatrice	345	17 1/2 0/0 p	17 1/2 0/0 p	»	»	36 1/2 0/0 p	36 1/2 0/0 p	»	»	»	»	345
346	4000	La Paternelle	346	»	»	»	»	20 0/0 p	»	21 0/0 p	6 0/0 p	17 1/2 0/0 p	17 1/2 0/0 p	346
319	7300	C^e d'ass. gén. sur la vie des hommes. Act. nom.	319	78 0/0 b	68 2/3 0/0 b	70 0/0 b	66 2/3 0/0 b	»	25 0/0 b	33 1/2 0/0 p	13 1/3 0/0 b	30 0/0 b	13 1/3 0/0 b	319
350	5000	L'Union — Assur. vie.	350	14 0/0 b	9 2/3 0/0 b	11 0/0 b	»	1 1/4 0/0 b	»	1 0/0 p	4 0/0 p	»	»	350
351	5000	La Nationale (anc. Comp. royale)	351	26 0/0 b	19 4/3 0/0 b	21 0/0 b	5 0/0 b	8 0/0 b	2 0/0 b	9 0/0 b	5 0/0 b	10 5/8 0/0 b	2 0/0 b	351
352	5000	La France	352	1/4 0/0 p	1/4 0/0 p	3/4 0/0 p	3/4 0/0 p	»	»	»	»	»	»	352
354	5000	La Providence	354	»	»	»	»	pair.	pair.	»	»	»	»	354
355	5000	Le Phénix	355	1 0/0 p	»	»	»	»	»	»	»	12 0/0 b	12 0/0 b	355
356	5000	L'Urbaine	356	1 0/0 p	1/2 0/0 p	2 0/0 p	2 0/0 p	»	»	»	»	10 0/0 p	10 0/0 p	356
357		Caisse paternelle	357	»	»	»	»	pair.	pair.	»	»	»	»	357
360	5000	Saint-Étienne-Lyon — Chemin de fer.	360	»	»	»	»	3500 »	3350 »	»	»	6350 »	6300 »	360
361	500	Paris-Saint-Germain	361	1030 »	740 »	750 »	290 »	450 »	310 »	425 »	335 »	525 »	395 »	361
363	500	Montpellier-Cette	363	412 50	380 »	250 »	258 »	175 »	175 »	200 »	175 »	190 »	170 »	363
364	500	Paris-Versailles (rive droite)	364	400 »	245 »	310 »	90 »	367 50	110 »	210 »	147 50	210 »	160 »	364
365	500	— (rive gauche)	365	285 »	145 »	208 »	85 »	240 »	107 50	182 50	122 50	211 25	160 »	365
367	500	Mulhouse-Thann	367	»	»	»	»	40 »	40 »	»	»	»	»	367
370	500	Bordeaux-la-Teste	370	115 »	40 »	65 »	35 »	40 »	35 »	45 »	25 »	65 »	30 »	370
371	350	Strasbourg-Bâle	371	248 75	147 50	162 50	65 »	125 »	80 »	137 50	102 50	190 »	135 »	371
372	500	Paris-Orléans	372	1284 25	1130 »	1220 »	385 »	900 »	680 »	875 »	642 50	1050 »	805 »	372
374	Néant.	— Actions de jouiss.	374	930 »	895 »	915 »	400 »	520 »	400 »	545 »	420 »	700 »	535 »	374
376	500	Paris-Rouen	376	977 50	845 »	911 25	275 »	580 »	420 »	700 »	495 »	700 »	552 50	376

1847 à 1851. (Suite.)

REPÈRES.	PAIR OU TAUX DE REMBOURSEMENT	DÉNOMINATION des VALEURS	REPÈRES.	1847. plus haut.	1847. plus bas.	1848. plus haut.	1848. plus bas.	1849. plus haut.	1849. plus bas.	1850. plus haut.	1850. plus bas.	1851. plus haut.	1851. plus bas.	REPÈRES.
377	500	Rouen-Havre .... Chemin de fer.	377	693 75	432 50	450 »	140 »	380 »	220 »	265 »	200 »	297 50	200 »	377
378	500	Avignon-Marseille............. —	378	865 »	510 »	383 75	142 50	257 50	170 »	220 »	165 »	260 »	183 75	378
340	500	Centre (Orléans-Vierzon)....... —	340	623 75	572 50	545 »	190 »	343 50	245 75	415 »	302 50	387 50	385 »	340
341	500	Amiens-Boulogne .... —	341	440 »	340 »	370 »	135 »	235 »	130 »	224 »	175 »	260 »	215 »	341
342	500	Orléans-Bordeaux .... —	342	562 50	420 »	487 50	358 75	430 »	373 75	425 »	378 75	427 50	365 »	342
343	500	Paris-Sceaux (Orçay)........... —	343	350 »	125 »	130 »	125 »	»	»	»	»	»	»	343
344	500	Montereau-Troyes .... —	344	350 »	230 »	360 »	100 »	140 »	100 »	117 50	»	132 50	90 »	344
345	»	Loire (Andrézieux-Roanne)...... —	345	160 »	120 »	»	»	57 30	37 50	50 »	40 »	50 »	50 »	345
346	500	Nord .... —	346	645 »	497 50	581 25	302 50	440 »	382 50	490 »	402 50	541 25	447 50	346
347	500	Dieppe et Fécamp .... —	347	355 »	245 »	260 »	125 »	190 »	157 50	195 »	155 »	220 »	190 »	347
348	500	Est (Paris-Strasbourg).......... —	348	485 »	350 »	415 »	322 50	385 »	330 »	365 75	316 25	475 »	345 »	348
349	500	Tours-Nantes .... —	349	487 50	335 »	395 »	307 50	348 75	275 »	278 75	206 25	308 »	245 »	349
350	500	Paris-Lyon .... —	350	514 25	360 »	402 50	280 »	»	»	»	»	»	»	350
351	500	Lyon-Avignon .... —	351	475 »	425 »	....	....	....	....	....	....	....	....	351
352	500	Bordeaux-Cette .... —	352	465 »	440 »	....	....	....	....	....	....	....	....	352
353	500	Anvers-Gand .... —	353	640 »	540 »	560 »	500 »	240 »	225 »	332 50	275 »	410 »	365 »	353
354	500	Charleroi-Erquelinnes.......... —	354	340 »	»	295 »	265 »	»	»	140 »	»	122 50	»	354
444	1000	Naples-Nocera-Castellamare .... —	444	»	»	»	»	»	»	»	»	»	»	444
458	Néant.	Éventualités de Lyon-Avignon...	458	....	....	....	....	19 50	6 50	17 »	7 35	15 50	8 50	458
459	Néant.	— Bordeaux-Cette..........	459	....	....	....	....	25 »	7 »	49 »	7 50	43 50	4 50	459
460	Néant.	— de Pampoube-Hazebrouck	460	....	....	....	....	32 75	23 »	24 »	19 50	»	»	460
461	500	Télégraphe électrique, Manche, Wollaston et Cⁱᵉ	461	....	....	....	....	....	....	....	....	725 »	500 »	461
462	5000	Canal d'Aire à la Bassée	462	6700 »	6400 »	5000 »	5010 »	»	»	»	»	»	»	462
463	Néant.	Cⁱᵉ des 4 canaux. Actions de jouissance	463	130 »	90 »	120 »	50 »	95 »	50 »	125 »	60 »	130 »	105 »	463
464	Néant.	Canal du Rhône au Rhin. Actions de jouissance	464	»	»	»	»	»	2 »	420 »	420 »	550 »	550 »	464
465	Néant.	Canal de Bourgogne. Actions de jouissance	465	87 50	50 »	85 »	75 »	75 »	27 50	87 50	45 »	114 75	72 50	465
466	1200	Canal de jonction de la Sambre à l'Oise	466	700 »	700 »	600 »	600 »	500 »	500 »	510 »	600 »	»	»	466
470	1000	Société de la Scarpe inférieure. C. Bayard et Cⁱᵉ	470	»	»	»	»	»	»	»	»	»	»	470
471	4600	Sambre française canalisée	471	»	»	1500 »	800 »	»	»	»	»	»	»	471
472	500	Canal de Roanne à Rigoin	472	»	»	»	»	»	»	130 »	»	127 50	»	472
473	10000	Canaux d'Orléans et du Loing ..	473	»	»	»	»	»	»	»	»	6000 »	6000 »	473
487	1000	Messageries générales de France, Caillard et Cⁱᵉ	487	»	»	»	»	325 »	500 »	350 »	520 »	»	»	487
488	500	Cⁱᵉ gén. des voit. de pl. de Paris, Delacour et Cⁱᵉ	488	»	»	»	»	»	»	605 »	500 »	610 »	610 »	488
489	500	Omn. de Paris, Moreau-Chaslon, X. Feuillant et Cⁱᵉ	489	»	»	2000 »	2000 »	»	»	1600 »	1600 »	1500 »	1500 »	489
490	500	Entr. gén. des Favorites, Louis Henry et Cⁱᵉ	490	1200 »	1200 »	»	»	»	»	»	»	1100 »	1100 »	490
491	500	Entrep. des lutéciennes, M.-N. Liénard et Cⁱᵉ	491	825 »	825 »	»	»	»	»	645 »	645 »	600 »	600 »	491
492	1000	Entr. gén. des hirondelles, Antoine Blanc et Cⁱᵉ	492	»	»	»	»	300 »	300 »	175 »	150 »	»	»	492
496	50	Entrep. des gondoles parisiennes, Malus et Cⁱᵉ	496	....	....	....	....	....	....	....	....	150 »	150 »	496
497	500	Les sylphides, Garnier et Cⁱᵉ .	497	....	....	....	....	....	....	....	....	422 50	422 50	497
505	1000	Trois vieux ponts sur Seine ...	505	1450 »	1360 »	1400 »	1400 »	»	»	»	»	....	....	505
506	500	Pont, port et gare de Grenelle.	506	»	»	»	»	»	»	»	»	....	....	506
507	500	Pont de Bercy	507	»	»	600 »	600 »	»	»	»	»	»	»	507
538	1000	Houillère de la Haute-Loire ...	538	»	»	»	»	»	»	»	»	»	»	538
539	4050	Houil. de la Grand'Combe et ch. de fer du Gard	539	1340 »	1075 »	1100 »	700 »	650 »	600 »	600 »	525 »	560 »	450 »	539
540	1000	Houillère de la Chazotte	540	520 »	430 »	130 »	145 »	335 »	250 »	350 »	270 »	200 »	200 »	540
541	1000	Houillère du centre du Fléac..	541	»	»	»	»	»	»	»	»	»	»	541
542	1000	Houillère de Montieux-Saint-Étienne	542	»	»	»	»	»	»	»	»	»	»	542
543	1050	Charbonnage de Pont-de-loup-sud.	543	500 »	425 »	»	»	300 »	300 »	»	»	225 »	220 »	543

1847 à 1851. (Fin.)

REPÈRES.	PAIR OU TAUX de REMBOURSEMENT	DÉNOMINATION des VALEURS.	REPÈRES.	1847.		1848.		1849.		1850.		1851.		REPÈRES.
				plus haut.	plus bas.	plus haut.	plus bas.	plus haut.	plus bas.	plus haut.	plus bas.	plus haut.	plus bas.	
551	1000	Houillère de Layen et Loire............	551	»	»	»	»	»	»	»	»	»	»	551
560	1000	Houillère et chemin de fer d'Épinac.....	560	9000 »	8000 »	»	»	»	»	»	»	»	»	560
564	»	C⁹ des mines de la Loire...............	564	....	....	280 »	280 »	305 »	250 »	310 »	260 »	335 »	260 »	564
566	1000	Mines de houille de Blanzy. J. Chagot et C⁹	566	....	....	»	»	»	»	1600 »	1530 »	»	»	566
567	1000	Mines de houille d'Aniucourt............	567	....	....	»	»	»	»	»	»	530 »	530 »	567
580	500	C⁹ des charbonnages belges.............	580	500 »	460 »	410 »	410 »	325 »	325 »	245 »	230 »	»	»	580
592	1000	Asphalte de Pyrimont-Seyssel. L. Desvarannes et C⁹	592	»	»	»	»	286 »	230 »	300 »	170 »	60 »	60 »	592
593	1000	Asphalte de Bastennes. Ledoux et C⁹.....	593	515 »	510 »	»	»	309 »	200 »	190 »	190 »	»	»	593
601	100	Mines de Mouzaïa. De Kerléguen et C⁹...	601	»	»	»	»	»	»	»	»	»	»	601
607	1000	Antonius et mines réunies. C. Bachoz et C⁹	607	1150 »	800 »	225 »	225 »	»	»	180 »	177 50	»	»	607
608	80	Mines de zinc de la Vieille-Montagne.....	608	650 »	560 »	380 »	175 »	310 »	225 »	292 50	265 »	322 50	290 »	608
609	1000	Société de la Nouvelle-Montagne.........	609	1100 »	850 »	»	»	387 50	315 »	390 »	380 »	»	»	609
610	1000	Société de la Grande-Montagne..........	610	1700 »	530 »	710 »	710 »	210 »	210 »	....	....	»	»	610
612	375	Mines de zinc de Stolberg..............	612	650 »	625 »	375 »	250 »	300 »	225 »	325 »	300 »	412 50	302 50	612
613	1000	Mines et usines du Nassau..............	613	»	»	»	»	325 »	80 »	»	»	»	»	613
619	3000	Forges de l'Aveyron (Decazeville)........	619	6225 »	5000 »	4900 »	2000 »	3000 »	2350 »	2025 »	2000 »	2300 »	2000 »	619
620	3000	Forges d'Alais........................	620	2100 »	2100 »	»	»	»	»	»	»	»	»	620
621	4000	Hauts-fourneaux du Nord (Maubeuge)....	621	1435 »	1325 »	650 »	650 »	990 »	900 »	350 »	300 »	300 »	300 »	621
622	»	Mines et forges d'Aubin. F. et L. Riant et C⁹	622	....	....	300 »	300 »	250 »	250 »	290 »	290 »	150 »	90 »	622
624	500	Forg. et usines de Basse-Indre. A. Langlois et C⁹	624	....	....	»	»	800 »	700 »	»	»	»	»	624
640	500	Hauts-fourneaux de Montceau...........	640	1087 50	900 »	887 50	425 »	812 50	575 »	755 »	700 »	737 50	625 »	640
643	1000	Charbonnages et hauts-fourneaux de l'Espérance	643	1250 »	1250 »	»	»	»	»	650 »	600 »	»	»	643
645	500	Houillères et fonderies de zinc de Valentin-Cocq.	645	975 »	680 »	»	»	600 »	510 »	650 »	600 »	585 »	585 »	645
651	500	Galvanisation du fer. Saint-Pol et C⁹.....	651	»	»	»	»	»	»	»	»	»	»	651
656	500	Société Chameroy et C⁹................	656	»	»	600 »	475 »	»	»	»	»	»	»	656
661	1000	Grilles mobiles fumivores. J.-B. Tuifer et C⁹	661	1050 »	1050 »	1050 »	1000 »	»	»	1000 »	1000 »	362 50	317 50	661
663	500	Société J.-F. Cail...................	663	»	»	»	»	»	»	»	»	»	»	663
672	500	Société du blanc de zinc et couleurs à base de zinc	672	....	....	....	....	515 »	500 »	500 »	480 »	»	»	672
675	500	Entrepôts du Nord. Gabriel Heim et C⁹...	675	375 »	250 »	»	»	»	»	»	»	»	»	675
692	2500	Gaz de Paris. C⁹ angl. Manby, Marguerite et C⁹	692	8200 »	7350 »	6550 »	3400 »	5000 »	4000 »	5000 »	4600 »	5000 »	4200 »	692
693	300	— C⁹ française. Brunton, Pillé et C⁹	693	1030 »	850 »	830 »	500 »	825 »	675 »	890 »	670 »	875 »	685 »	693
694	500	Gaz de Bellevilla. Pays et C⁹..........	694	1400 »	1350 »	»	»	900 »	600 »	975 »	875 »	1000 »	925 »	694
695	1000	Gaz de Paris, C⁹ par. Dubochet, Pauwels et C⁹	695	»	»	»	»	900 »	900 »	900 »	900 »	1140 »	1100 »	695
696	500	Société Lacarrière et C⁹..............	696	»	»	625 »	625 »	560 »	450 »	560 »	570 »	»	»	696
697	500	— C⁹ Nord. C. Gosselin, Emile Bricourt et C⁹	697	550 »	550 »	»	»	»	»	375 »	375 »	475 »	475 »	697
698	500	— C⁹ de l'Ouest. Ch. Gosselin et C⁹	698	»	»	280 »	280 »	275 »	250 »	»	»	»	»	698
700	1000	Gaz de Calais et St-Pierre. D. Gautier et C⁹	700	»	»	»	»	»	»	150 »	150 »	»	»	700
731	500	Filature de lin d'Amiens. (Maberly).....	731	580 »	420 »	480 »	440 »	435 »	260 »	610 »	450 »	715 »	505 »	731
736	500	Union linière. Wohrnitz et C⁹..........	736	200 »	100 »	»	»	»	»	»	»	15 »	15 »	736
740	500	Comptoir de l'Industrie linière. Cohin et C⁹	740	»	»	»	»	400 »	400 »	510 »	425 »	525 »	450 »	740
754	250	Soc. générale des annonces. Ch. Duveyrier et C⁹	754	255 »	250 »	....	....	....	....	....	....	....	....	754
770	1000	Glacières de St-Ouen, Gentilly, etc. A. Illée et C⁹	770	»	»	»	»	»	»	»	»	»	»	770
774	1000	C⁹ gén. de dessèch. Thurninger, Guyardin et C⁹	774	100 »	100 »	....	....	....	....	....	....	....	....	774
793	1000	Glaces de Sainte-Marie-d'Oignies......	793	»	»	»	»	800 »	800 »	1035 »	1035 »	1300 »	1050 »	793

1852 à 1856.

REPÈRES.	PAIX OU TAUX D'AMORTISSEMENT.	DÉNOMINATION des VALEURS.	REPÈRES.	1852. plus haut.	1852. plus bas.	1853. plus haut.	1853. plus bas.	1854. plus haut.	1854. plus bas.	1855. plus haut.	1855. plus bas.	1856. plus haut.	1856. plus bas.	REPÈRES.
		VALEURS A REVENU FIXE.												
2	100	5 0/0...........................	2	106 50	99 10	82 15	71 70	76 35	64 50	71 75	63 20	75 45	61 50	2
6	100	3 0/0, 1825.....................	6	86 »	63 90	»	»	»	»	»	»	»	»	6
7	100	4 1/2 0/0, 1825.................	7	101 75	94 25	102 »	97 80	95 »	91 »	93 75	88 »	92 50	87 »	7
9	100	4 0/0, 1830.....................	9	99 »	83 »	100 »	92 »	92 »	81 »	84 »	80 »	87 »	80 »	9
10	100	4 1/2 0/0, 1832.................	10	107 »	99 45	106 70	98 75	101 »	88 »	99 40	89 75	97 »	89 50	10
20	400	Emprunt 4 1/2 0/0, mars 1854...	20	....	....	....	....	100 15	92 25	97 75	91 80	....	....	20
21	400	— 3 0/0, mars 1854........	21	....	....	....	....	76 95	63 85	70 30	65 25	....	....	21
22	400	1er — 4 1/2 0/0, janvier 1855...	22	....	....	....	....	....	....	99 40	90 »	96 50	91 25	22
23	400	1er — 3 0/0, janvier 1855.......	23	....	....	....	....	....	....	72 50	63 90	73 45	63 »	23
24	400	2e — 4 1/2 0/0, juillet 1855....	24	....	....	....	....	....	....	96 25	91 »	97 50	90 »	24
25	400	2e — 3 0/0, juillet 1855.......	25	....	....	....	....	....	....	68 60	64 90	75 30	62 50	25
29	1350	Cie des 4 canaux. Actions de capital...	29	1215 »	1145 »	1225 »	1150 »	1180 »	1090 »	1150 »	1110 »	1135 »	1040 »	29
30	Néant.	— Actions de jouissance...	30	....	....	....	....	....	....	110 »	100 »	103 »	95 »	30
33	1000	Canal de Bourgogne. Actions de capital...	33	1055 »	1000 »	1065 »	1005 »	1010 »	965 »	1015 »	950 »	975 »	950 »	33
34	Néant.	— Actions indemnitaires...	34	....	....	200 »	170 »	177 50	142 50	155 »	140 »	150 »	110 »	34
35	4000	Canal d'Arles à Bouc. Actions de capital...	35	1012 50	1000 »	1020 »	1010 »	»	»	»	»	»	»	35
39	400	Rentes 5 0/0 de la ville de Paris...	39	103 25	100 »	»	»	»	»	»	»	»	»	39
41	400	Ville de Paris. Obl. 1832, 4 0/0. Empr. loterie.	41	1850 »	1360 »	1300 »	1010 »	1100 »	995 »	1090 »	1015 »	1100 »	1025 »	41
43	Néant.	Trois vieux ponts sur Seine. Annuités municipales.	43	1270 »	1170 »	1040 »	1090 »	93 3/4	»	1000 »	930 »	»	»	43
44	400	Ville de Paris. Obl. 1853, 3 0/0. Empr. loterie.	44	1030 »	1025 »	1300 »	1125 »	1185 »	1092 50	1140 »	1035 »	»	»	44
45	300	— Obl. 1855. 3 0/0....	45	1410 »	1235 »	»	»	»	»	407 50	340 »	1085 »	370 »	45
46	1000	Dép. Seine. Oblig. 1849.......	46	1100 »	1042 50	1075 »	1010 »	1015 »	995 »	1010 »	1010 »	»	»	46
50	1000	Ville de Marseille. Emp. 5 0/0, 1849...	50	1160 »	1060 »	1200 »	1090 »	1075 »	1060 »	1010 »	1000 »	1055 »	1010 »	50
60	1000	Liste-Civile. Obligations.........	60	1110 »	1052 50	1120 »	1070 »	1080 »	1010 »	1050 »	1035 »	1035 »	1010 »	60
61		Angleterre. 3 0/0 Consolidés (Bourse de Londres).	61	101 3/4	93 7/8	101 »	90 3/4	96 1/4	85 1/8	93 3/4	85 »	96 »	86 »	61
62		Autriche, 5 0/0, Métalliques........	62	85 1/2	85 1/2	»	»	»	»	»	»	103 »	93 »	62
63	»	Lots de 1834..... Emprunt loterie.	63	490 »	425 »	500 »	460 »	472 50	450 »	470 »	420 »	510 »	435 »	63
67	400	— 5 0/0 anglo, 1852.........	67	99 1/4	90 1/2	100 »	90 »	93 3/4	69 1/2	87 »	80 »	92 »	80 1/2	67
72	100	— 3 0/0 florins, 1852.........	72	88 »	82 1/4	82 1/4	80 »	73 1/2	63 1/4	67 1/2	65 »	84 »	80 »	72
73	100	Belgique, 3 0/0...................	73	75 1/2	65 3/4	75 1/2	73 »	74 3/4	57 1/2	75 1/4	72 »	76 3/4	72 7/8	73
74	100	— 5 0/0, 1840-42............	74	103 3/4	99 3/4	101 »	95 3/4	»	»	»	»	»	»	74
76	100	— 4 1/2 0/0.................	76	88 »	80 3/4	58 »	83 »	59 1/2	49 »	53 3/4	50 »	57 1/2	53 »	76
77	100	— 3 0/0, 1852..............	77	100 »	92 »	100 »	94 »	96 »	81 3/4	93 3/4	90 3/4	100 »	93 3/4	77
78	100	Deux-Siciles (Naples). 5 0/0....	78	103 3/4	100 4/2	102 1/4	100 »	102 »	85 »	102 »	98 »	101 »	97 »	78
80	100	Espagne. Dette différée, 1834....	80	107 »	99 50	107 50	104 »	110 »	85 »	112 »	105 »	113 50	109 »	80
89	100	— 5 0/0. Dette active, 1834...	89	3 1/2	5 »	....	....	....	....	....	....	....	....	89
90	100	— Dette passive, 1834........	90	33 »	19 »	»	»	»	»	»	»	»	»	90
92	100	— 5 0/0, extérieur 1841......	92	0 »	5 »	5 1/4	4 1/4	4 1/8	3 1/4	»	»	»	»	92
93	100	— 3 0/0, intérieur 1841......	93	45 1/2	33 3/4	44 »	39 »	40 1/2	31 »	36 »	28 3/4	43 »	32 1/2	93
94	100	— Dette différée, 1851........	94	26 1/2	18 3/4	25 »	21 »	20 3/4	15 »	21 3/4	17 »	23 3/4	20 1/2	94
101	100	— Dette passive, 1851........	101	6 3/8	5 3/4	6 »	4 3/4	4 7/8	3 »	4 3/4	3 3/4	4 7/8	3 3/4	101
102	1000	Grèce. 5 0/0, 1832. Garantie française.	102	99 »	94 »	99 1/2	95 1/2	99 »	90 »	99 »	92 »	93 »	89 »	102
103	1000	Haïti. Emprunt 1825........... (Annuités).	103	390 »	200 »	430 »	345 »	350 »	310 »	550 »	500 »	560 »	515 »	103
106	100	Hollande. 4 0/0................	106	85 1/2	80 »	86 1/4	83 »	89 »	51 »	67 »	59 1/2	64 1/2	59 1/2	106
111	100	Portugal. 5 0/0, 1832. (Obligations miguéliennes.)	111	89 3/4	89 3/4	89 3/4	92 1/4	92 1/4	»	»	92 1/2	92 1/2	94 1/2	111
115	100	— 3 0/0, différé 1840........	115	42 »	8 1/4	8 1/4	33 »	»	»	»	»	»	»	115
				30 »	32 »	36 1/2								

1852 à 1856. (Suite.)

REPÈRES.	PAIR ou TAUX DE REMBOURSEMENT.	DÉNOMINATION des VALEURS.	REPÈRES.	1852.		1853.		1854.		1855.		1856.		REPÈRES.
				plus haut.	plus bas.	plus haut.	plus bas.	plus haut.	plus bas.	plus haut.	plus bas.	plus haut.	plus bas.	
118	100	Portugal, 3 0/0, 1832.............	118	......	......	36 1/2	36 1/2	30 1/2	30 1/2	» »	» »	93 »	80 1/2	118
119	100	Rome, 5 0/0.....................	119	101 »	88 1/4	100 »	91 3/4	93 1/2	74 1/2	86 »	79 3/4	93 »	80 1/2	119
120	100	— 5 0/0, 1850................	120	» »	88 3/4	100 »	95 »	......	......	......	......	84 »	84 1/2	120
121	100	Russie, 4 1/2 0/0, 1849...........	121	104 1/2	99 »	102 1/2	94 »	94 »	70 »	84 »	84 »	93 »	84 1/2	121
122	1000	Sardes (États). Piémont. Obl. 1831.. Empr. lot.	122	1042 50	975 »	1015 »	980 »	1005 »	900 »	990 »	940 »	1010 »	950 »	122
123	1000	Obl. 1849....... —	123	1000 »	930 »	995 »	960 »	970 »	840 »	910 »	835 »	900 »	815 »	123
124	100	— 5 0/0 1849 .... —	124	......	88 75	100 60	93 »	96 30	75 »	88 50	81 50	94 50	81 31	124
125	100	— Obl. 1850.. Empr. lot.	125	100 75	88 75	99 »	93 »	96 30	75 »	88 50	81 50	94 50	81 31	125
126	1000	— 5 0/0, 1852. Cer. angl.	126	990 »	935 »	990 »	860 »	900 »	840 »	935 »	900 »	» »	126
127	100	— 3 0/0, 1852............	127	100 »	86 1/2	98 3/4	88 1/4	89 1/4	78 »	84 »	81 »	94 1/4	85 »	127
128	100	— 3 0/0, 1853............	128	......	......	71 »	58 50	60 50	43 »	53 50	50 »	62 »	50 25	128
129	100	Toscane, 5 0/0, 1849.............	129	90 »	76 1/2	67 »	56 »	61 »	54 »	56 »	51 1/4	51 1/4	54 1/2	129
130	100	— 5 0/0, 1852................	130	......	......	» »	» »	» »	» »	» »	» »	» »	» »	130
131	1000	Turquie. Obligations 1852.........	131	1105 »	1000 »	1030 »	1000 »	» »	» »	» »	» »	» »	» »	131
132	100	— 6 0/0, 1854................	132	......	......	......	......	85 3/4	74 »	91 1/2	75 »	103 1/2	91 »	132
136	500	Obl. Crédit foncier. Domi 4 0/0... Empr. loter.	136	......	......	......	......	433 »	400 »	450 »	410 »	450 »	410 »	136
137	500	— 3 0/0............... —	137	......	......	......	......	470 »	375 »	415 »	352 50	415 »	300 »	137
138	400	— 4 0/0 .... —	138	......	......	......	......	400 »	96 25	97 50	90 »	97 50	83 »	138
139	120	— Dix 4 0/0.... —	139	......	......	......	......	105 »	90 »	96 33	94 30	95 »	76 25	139
140	1200	— Promesse 3 0/0 ...	140	1075 »	1040 »	1125 »	965 »	970 »	895 »	938 75	900 »	940 »	910 »	140
145	1250	Obl. Paris-Saint-Germain, 1839 4 0/0......	145	1150 »	1070 »	1260 »	1140 »	1175 »	1075 »	1125 »	1100 »	1000 »	975 »	145
146	1250	— Paris-Versailles (rive droite), 1839, 5 0/0..	146	1015 »	» »	1010 »	990 »	992 »	900 »	992 »	900 »	992 »	900 »	146
148	1230	— Saint-Étienne-Lyon, 1841, 3 0/0.......	148	1110 »	» »	1105 »	1100 »	» »	» »	» »	» »	» »	» »	148
152	1250	— Paris-Saint-Germain, 1842-49, 4 0/0.....	152	1137 50	1085 »	1140 »	1040 »	1065 »	985 »	1040 »	990 »	1010 »	975 »	152
153	1250	— Paris-Orléans, 1842, 4 0/0...........	153	1155 »	1000 »	1160 »	1115 »	1400 »	1000 »	1015 »	990 »	1020 »	975 »	153
154	1250	— Paris-Versailles (rive droite), 1843, 4 0/0..	154	1100 »	975 »	1125 »	1055 »	1040 »	975 »	990 »	975 »	» »	» »	154
155	1250	— Bordeaux-la-Teste, 1843, 4 0/0........	155	......	......	1020 »	1020 »	» »	» »	» »	» »	» »	» »	155
156	1250	— Strasbourg-Bâle, 1843, 4 0/0.........	156	1080 »	935 »	1080 »	1060 »	985 »	930 »	975 »	915 »	1000 »	915 »	156
157	1250	— Montpellier-Cette, 1844, 4 0/0........	157	1000 »	1000 »	» »	» »	» »	» »	» »	» »	» »	» »	157
158	1250	— Paris-Rouen, 1845, 3.20 0/0.........	158	945 »	875 »	965 »	915 »	900 »	880 »	895 »	830 »	840 »	820 »	158
159	1250	— Rouen-Havre, 1845-47, 4 0/0.........	159	1040 »	900 »	1035 »	1020 »	1035 »	920 »	992 50	930 »	930 »	9 50 »	159
160	1250	— Paris-Sceaux, 1847, 4 0/0...........	160	900 »	375 »	500 »	500 »	180 »	180 »	» »	» »	» »	» »	160
162	1250	— Paris-Rouen, 1847-49-54, 4 0/0.......	162	1125 »	1025 »	1125 »	1070 »	1010 »	975 »	990 »	925 »	952 50	900 »	162
163	1250	— Paris-Orléans, 1848, 4 0/0..........	163	1125 »	1050 »	1145 »	1100 »	1085 »	980 »	1005 »	970 »	1010 »	935 »	163
164	250	— Rouen-Havre, 1848, 4.80 0/0........	164	1250 »	1045 »	1215 »	1205 »	1200 »	1115 »	1130 »	1110 »	» »	» »	164
165	250	— Montpellier-Cette, 1848, 5 0/0.......	165	245 »	240 »	» »	» »	» »	» »	» »	» »	» »	» »	165
166	1250	— Avignon-Marseille, 1850, 4 0/0.......	166	1160 »	990 »	1030 »	1030 »	» »	» »	» »	» »	985 »	985 »	166
167	1250	— Montereau-Troyes, 1850, 4 0/0.......	167	1025 »	1000 »	1025 »	995 »	1000 »	985 »	» »	» »	» »	» »	167
168	500	Nord, 3 0/0.......................	168	391 25	375 »	377 50	345 »	347 50	295 »	307 50	298 75	312 50	280 »	168
169	500	— Amiens-Boulogne, 4 0/0............	169	400 »	320 »	400 »	400 »	375 »	375 »	» »	» »	335 »	335 »	169
170	1250	— Paris-Lyon, 1852, 4 0/0............	170	1155 »	1050 »	1170 »	1060 »	1075 »	970 »	1010 »	955 »	1050 »	960 »	170
171	1250	— Lyon-Avignon, 1853, 4 0/0..........	171	1120 »	1042 50	1190 »	1180 »	» »	» »	» »	» »	» »	» »	171
172	625	— Strasbourg-Bâle, 1853, 4 0/0........	172	555 »	503 »	545 »	525 »	515 »	475 »	500 »	475 »	503 »	462 50	172
173	1250	— Ouest, 1853-54, 4 0/0.............	173	1160 »	1010 »	1130 »	1010 »	1030 »	947 50	990 »	935 »	1000 »	910 »	173
174	625	— Est, 1852, 3.44 0/0...............	174	592 50	520 »	580 »	530 »	530 »	483 50	500 »	510 »	400 »	455 »	174
175	1250	— Ouest (Versailles-rive gauche), 1853, 3.75 0/0.	175	400 »	297 50	375 »	316 »	335 »	280 »	345 »	303 »	340 »	280 »	175
176	500	— Paris-Orléans, 3 0/0..............	176	385 »	357 50	372 50	335 »	337 50	245 »	306 25	285 »	345 »	277 50	176
177	500	— Lyon-Méditerranée, 4 0/0...........	177	373 75	353 »	362 50	307 50	310 »	270 »	315 50	290 »	312 50	273 75	177
178	500	— 3 0/0	178	......	......	......	......	......	......	......	......	......	......	178
179	500	— Paris-Orçay (Sceaux), 4 0/0..........	179	......	......	400 »	400 »	510 »	505 »	210 »	200 »	» »	» »	179
180	500	— Dijon-Besançon, 4 0/0.............	180	......	......	533 75	530 »	......	......	......	......	......	......	180
181	500	— Rhône-Loire, 3 0/0...............	181	......	......	......	......	330 »	260 »	300 »	280 »	303 75	272 50	181

1852 à 1856. (Suite.)

REPÈRES.	PAIR ou TAUX de REMBOURSEMENT	DÉNOMINATION des VALEURS.	REPÈRES.	1852.		1853.		1854.		1855.		1856.		REPÈRES.
				plus haut.	plus bas.	plus haut.	plus bas.	plus haut.	plus bas.	plus haut.	plus bas.	plus haut.	plus bas.	
182	625	Obl. Rhône-Loire 4 0/0..............	182	»	»	»	»	505 »	440 »	495 »	480 »	500 »	470 »	182
183	562	— Nord (Charleroi-Erquelinnes), 4 0/0...	183	»	»	»	»	340 »	330 »	»	»	»	»	183
184	500	— Grand-Central, 1853, 3 0/0...	184	»	»	»	»	303 75	287 50	292 »	276 25	310 »	265 »	184
185	500	— Ouest (Dieppe-Fécamp), 4 0/0...	185	»	»	»	»	»	»	385 »	320 »	380 »	380 »	185
186	550	— Lyon-Genève, 1855, 3 0/0...	186	»	»	»	»	»	»	293 »	277 50	310 »	270 »	186
187	500	— Paris-Lyon, 3 0/0...	187	»	»	»	»	»	»	302 50	280 »	310 »	280 »	187
188	500	— Grand-Central, 1853, 3 0/0...	188	»	»	»	»	»	»	282 50	268 75	310 »	265 »	188
189	500	— Ouest, 3 0/0...	189	»	»	»	»	»	»	293 »	275 »	315 »	292 50	189
190	500	— Bourbonnais, 3 0/0...	190	»	»	»	»	»	»	»	»	310 »	280 »	190
191	500	— Midi, 3 0/0...	191	»	»	»	»	»	»	»	»	315 »	277 50	191
192	1250	— Ouest, 1853, 4 0/0...	192	»	»	»	»	»	»	»	»	1000 »	1000 »	192
199	500	— Manage-Erquelinnes (Centre), 3 0/0...	199	»	»	»	»	»	»	350 »	330 »	»	»	199
202	500	— Chemins autrichiens, 3 0/0...	202	»	»	»	»	»	»	278 75	260 »	305 »	263 75	202
214	1000	Obl. Canal Sambre à l'Oise, 1839, 5 0/0...	214	1000 »	1000 »	1025 »	1025 »	»	»	»	»	»	»	214
215	1030	— 1850, 4.77 0/0...	215	1000 »	1000 »	1025 »	1025 »	»	»	»	»	»	»	215
221	1250	— Mines de la Loire, 4 0/0...	221	1120 »	1030 »	1150 »	1150 »	»	»	»	»	1075 »	1030 »	221
223	1250	— Mines de la Grand'Combe, 1840, 4.46 0/0...	223	1080 »	900 »	1075 »	1060 »	990 »	910 »	»	»	940 »	940 »	223
224	1250	— 1844, 4 0/0...	224	1100 »	900 »	1100 »	1020 »	920 »	970 »	»	»	940 »	940 »	224
227	500	— Vieille-Montagne, 5 0/0...	227	»	»	485 »	475 »	473 »	400 »	460 »	425 »	440 »	440 »	227
230	500	— Decazeville (Aveyron), 1848, 3 1/2 0/0...	230	»	»	512 50	490 »	»	»	»	»	380 »	350 »	230
234	1000	— Lits militaires, 5 0/0...	234	1025 »	960 »	1015 »	990 »	1005 »	970 »	980 »	930 »	1000 »	950 »	234
		VALEURS A REVENU VARIABLE.												
246	1000	Banque de France..................	246	3100 »	2545 »	2950 »	2550 »	3000 »	2845 »	3300 »	2900 »	4200 »	3100 »	246
252	4000	Caisse hypothécaire................	252	310 »	160 »	170 »	80 »	92 50	87 50	68 75	63 »	»	»	252
267	500	Caisse commerciale. Rechet, Delhomas et C°...	267	530 »	430 »	525 »	498 75	490 »	375 »	450 »	440 »	435 »	430 »	267
269	500	Comptoir d'escompte de Paris........	269	810 »	555 »	795 »	595 »	642 50	470 »	640 »	535 »	720 »	595 »	269
271	1000	Caisse Leroy, de Chabrol et C°...	271	1175 »	1025 »	1200 »	1160 »	»	»	»	»	»	»	271
272	500	Crédit foncier de France............	272	1275 »	833 »	1220 »	535 »	560 »	440 »	580 »	507 50	748 »	503 »	272
273	500	Caisse Bouron et C°...............	273	535 »	525 »	540 »	525 »	»	»	»	»	540 »	540 »	273
274	500	C° gén. des caisses d'escompte, A. Prost et C°...	274	500 »	500 »	»	»	»	»	»	»	»	»	274
275	500	Société générale de Crédit mobilier..	275	1185 »	830 »	960 »	540 »	792 50	430 »	1650 »	722 50	1962 50	1140 »	275
276	500	Caisse commerc. de St-Quentin. Lécuyer et C°...	276	»	»	600 »	580 »	»	»	600 »	600 »	620 »	600 »	276
277	500	Société générale de crédit maritime, Collas et C°...	277	»	»	518 75	475 »	327 50	327 50	400 »	207 50	207 50	207 50	277
279	100	Sous-Comptoir des entrepreneurs....	279	»	»	90 »	90 »	90 »	90 »	»	»	»	»	279
280	400	Comptoir central. V.-C.Bonnard etC°. Act. n. lib.	280	»	»	130 »	108 75	115 »	100 »	110 »	100 »	»	»	280
		Act. lib.												
281	400	Caisse gén. des chem. de fer. J. Mirès et C°...	281	»	»	»	»	515 »	500 »	510 »	450 »	137 50	101 25	281
282	500	Caisse centrale de l'industrie. Vergniolle et C°...	282	»	»	»	»	»	»	113 75	110 »	900 »	480 »	282
283	1000	Banque de Belgique. Emission de 1835.	283	945 »	705 »	932 50	900 »	910 »	825 »	930 »	850 »	462 50	108 75	283
284	1000	— 1841.	284	»	»	1025 »	1025 »	»	»	»	»	950 »	950 »	284
292	1058	Soc. gén. de Belgique pour favoriser l'ind. nation.	292	1855 »	1350 »	»	»	630 »	630 »	»	»	860 »	595 »	292
299	500	Société des actions réunies.........	299	»	»	»	»	»	»	»	»	»	»	299
300	537	Banque du com. et de l'industrie à Darmstadt..	300	»	»	670 »	480 »	520 »	440 »	630 »	472 50	935 »	692 50	300
301	500	Crédit I. et R. autrichien pour le com. et l'industrie.	301	»	»	»	»	»	»	»	»	»	»	301
303	12500	C° d'assurances générales maritimes Act. nominat.	303	44 0/0 b	15 0/0 b	45 0/0 b	40 0/0 b	22 0/0 b	20 0/0 b	24 0/0 b	20 0/0 b	40 0/0 b	33 1/3 0/0 b	303
309	5000	Sécurité.................... Ass. maritim.	309	44 0/0 b	14 0/0 b	30 0/0 b	23 0/0 b	22 0/0 b	21 0/0 b	13 0/0 b	9 0/0 b	12 0/0 b	11 0/0 b	309
310	5000	L'Union des ports.............. —	310	6 1/2 0/0 b	4 0/0 b	16 0/0 b	9 0/0 b	12 0/0 b	8 0/0 b	12 0/0 b	9 0/0 b	13 0/0 b	11 0/0 b	310
311	2000	Le Lloyd français............. —	311	11 0/0 b	4 0/0 b	16 1/2 0/0 b	11 1/2 0/0 b	17 0/0 b	9 0/0 b	12 0/0 b	10 0/0 b	»	»	311
312	5000	Océan..................... —	312	25 0/0 b	20 0/0 b	25 0/0 b	25 0/0 b	»	»	25 0/0 b	25 0/0 b	19 0/0 b	19 0/0 b	312

1852 à 1856. (Suite.)

REPÈRES.	PAIR OU TAUX DE REMBOURSEMENT	DÉNOMINATION des VALEURS.	REPÈRES.	1852. plus haut.	1852. plus bas.	1853. plus haut.	1853. plus bas.	1854. plus haut.	1854. plus bas.	1855. plus haut.	1855. plus bas.	1856. plus haut.	1856. plus bas.	REPÈRES.
313	1000	Indemnité............ Ass. marit.	313	12 1/2 0/0 b	12 1/2 0/0 b	14 0/0 b	14 0/0 b	»	»	14 0/0 b	14 0/0 b	30 0/0 b	28 0/0 b	313
314	3000	La Chambre........... —	314	13 0/0 b	9 0/0 b	22 0/0 b	20 0/0 b	»	»	»	»	»	»	314
315	3000	Mélusine............. —	315	13 0/0 b	1 0/0 b	17 0/0 b	15 0/0 b	16 0/0 b	10 0/0 b	20 0/0 b	14 1/2 0/0 b	25 0/0 b	21 0/0 b	315
320	3000	La Vigie............. —	320	10 0/0 b	1/2 0/0 b	»	»	»	»	»	»	15 0/0 b	15 0/3 b	320
321	5000	La Sauvegarde........ —	321	4 0/0 b	4 0/0 b	12 1/2 0/0 b	5 0/0 b	10 1/2 0/0 b	4 0/0 b	18 0/0 b	10 0/0 b	18 0/0 b	12 0/0 b	321
322	5000	Cⁱᵉ centrale......... —	322	»	»	»	»	»	»	»	»	15 0/0 b	10 0/0 b	322
323	5900	La Réunion........... —	323	470 0/0 b	420 0/0 b	350 0/0 b	300 0/0 b	410 0/0 b	550 0/0 b	640 0/0 b	600 0/0 b	700 0/0 b	675 0/0 b	323
317	2500	Cⁱᵉ d'ass. génér. contre l'incendie... Act. nomin.	317	3500 »	3000 »	3400 »	3200 »	3100 »	2900 »	3400 »	3000 »	3150 »	3000 »	317
319	4000	Cⁱᵉ française du Phénix.... Ass. incendie	319	140 0/0 b	108 0/0 b	133 0/0 b	134 1/2 0/0 b	57 0/0 b	50 0/0 b	130 0/0 b	125 0/0 b	170 0/0 b	118 0/0 b	319
330	5000	La Nationale (ancienne Cⁱᵉ royale).... —	330	60 1/2 0/0 b	»	50 0/0 b	67 0/0 b	57 0/0 b	64 0/0 b	50 0/0 b	69 0/0 b	61 0/0 b	100 0/0 b	72 0/0 b	330
339	3000	L'Union.............. —	339	68 0/0 b	50 0/0 b	82 0/0 b	70 0/0 b	90 0/0 b	80 0/0 b	105 0/0 b	95 0/0 b	115 0/0 b	112 0/0 b	339
334	6000	Le Soleil............ —	334	40 0/0 b	23 0/0 b	46 0/0 b	34 0/0 b	36 0/0 b	28 0/0 b	36 0/0 b	25 0/0 b	50 0/0 b	33 0/0 b	334
336	5000	La France............ —	336	54 0/0 b	20 0/0 b	76 0/0 b	54 0/0 b	72 0/0 b	64 0/0 b	80 0/0 b	70 1/2 0/0 b	108 0/0 b	85 0/0 b	336
337	2500	l'Urbaine............ —	337	28 0/0 b	20 0/0 b	31 0/0 b	20 0/0 b	28 0/0 b	22 0/0 b	28 0/0 b	23 0/0 b	45 0/0 b	25 0/0 b	337
338	1000	La Providence........ —	338	»	pair.	»	»	»	»	»	»	25 0/0 b	15 0/0 b	338
342	3000	L'Aigle.............. —	342	4 1/2 0/0 b	2 0/0 b	5 0/0 b	4 0/0 b	5 0/0 b	»	»	»	7 1/2 0/0 b	7 1/2 0/0 b	342
343	4000	La Confiance......... —	343	13 0/0 p	12 1/2 0/0 p	15 0/0 p	15 0/0 p	12 3/4 1/2 p	14 3/8 0/0 p	»	12 0/0 b	»	»	343
346	4000	La Paternelle........ —	346	»	»	»	»	10 0/0 p	9 0/0 p	»	12 0/0 b	»	»	346
347	7500	Le Nord.............. —	347	33 1/2 0/0 b	33 0/0 b	65 0/0 b	60 0/0 b	68 1/2 0/0 b	68 1/2 0/0 p	93 1/2 0/0 b	60 0/0 b	113 1/2 0/0 b	101 2/3 0/0 b	347
349	5000	Cⁱᵉ d'ass. gén. sur la vie des hommes. Ass. nomin.	349	5 0/0 b	3 0/0 p	8 0/0 b	3 0/0 b	7 0/0 p	5 0/0 b	9 0/0 b	4 0/0 b	45 0/0 b	8 0/0 b	349
350	5000	L'Union.............. Ass. sʳ la vie.	350	17 0/0 b	7 0/0 b	18 0/0 b	15 0/0 b	18 0/0 b	7 0/0 b	22 0/0 b	13 0/0 b	35 0/0 b	16 0/0 b	350
354	5900	La Nationale (ancienne Cⁱᵉ royale)	354	6 0/0 p	12 0/0 p	»	4 0/0 p	3 0/0 p	3 0/0 p	3 0/0 p	3 0/0 p	»	3 0/0 b	354
357	500	Caisse paternelle.... —	357	»	»	»	4 0/0 p	4/80/0 b	5 0/0 p	»	5 0/0 b	1 0/0 b	»	357
358	300	Cⁱᵉ d'assur. génér. contre la grêle...	358	»	»	»	»	»	»	5 1/2 0/0 b	3 0/0 b	9 0/0 b	5 0/0 b	358
361	500	Paris-Saint-Germain......... Chem. de fer.	361	1620 »	495 »	1950 »	1297 50	»	»	»	»	»	»	361
362	230	—	362	»	»	855 »	500 »	500 »	535 »	880 »	660 »	»	»	362
363	500	Montpellier-Cette............ —	363	632 50	230 »	»	»	»	»	»	»	»	»	363
364	500	Paris-Versailles (rive droite).... —	364	387 50	290 »	»	»	»	»	»	»	»	»	364
365	500	— (rive gauche).... —	365	316 25	228 75	»	»	»	»	»	»	»	»	365
366	500	Mulhouse-Thann............... —	366	»	»	350 »	316 »	360 »	280 »	400 »	400 »	»	»	366
369	500	Bordeaux-la-Teste............ —	369	360 »	65 »	322 50	220 »	270 »	260 »	750 »	230 »	760 »	550 »	369
372	350	Strasbourg-Bâle.............. —	372	403 »	490 »	425 »	337 50	409 »	340 »	»	»	»	»	372
374	500	Paris-Orléans................ —	374	1200 »	1065 »	4630 »	1600 »	»	»	»	»	»	»	374
375	Néant.	— Actions de jouissance.	375	1200 »	730 »	1200 »	1300 »	»	»	»	»	»	»	375
376	500	Paris-Rouen................. —	376	4070 »	690 »	1193 50	940 »	1085 »	795 »	1320 »	980 »	»	»	376
377	500	Rouen-Havre................. —	377	596 »	245 »	552 50	425 »	610 »	400 »	702 50	527 50	»	»	377
378	500	Avignon-Marseille........... —	378	623 »	223 50	»	»	»	»	»	»	»	»	378
379	500	— Actions converties.	379	665 »	548 »	577 50	500 »	»	»	»	»	»	»	379
380	500	Centre (Orléans-Vierzon)..... —	380	624 25	495 »	»	»	»	»	»	»	»	»	380
382	500	Orléans-Bordeaux............ —	382	638 75	422 50	»	»	»	»	»	»	»	»	382
383	500	Paris-Sceaux (Orsay)........ —	383	330 »	75 »	270 »	130 »	210 »	130 »	257 50	180 »	»	»	383
384	500	Montereau-Troyes............ —	384	417 50	190 »	501 25	220 »	475 »	475 »	»	»	»	»	384
385	350	Loire (Andrézieux-Roanne).. —	385	360 »	60 »	210 »	280 »	»	»	»	»	»	»	385
386	»	Nord........................ —	386	695 »	550 »	»	»	»	»	»	»	»	»	386
387	400	—	387	963 »	590 »	1940 »	780 »	895 »	696 25	932 50	830 »	1175 »	835 »	387
392	500	Dieppe et Fécamp............ —	392	380 »	220 »	380 »	300 »	322 50	250 »	330 »	272 80	»	»	392
393	500	Est (Paris-Strasbourg)..... —	393	935 »	447 50	1020 »	745 »	850 »	665 »	990 »	770 »	1060 »	760 »	393
394	500	— Nouv. émission.	394	»	»	»	»	643 50	500 »	837 50	620 »	925 »	692 50	394
396	500	Tours-Nantes................ —	396	385 »	275 »	980 »	810 »	1067 50	785 »	1250 »	»	»	»	396
400	500	Paris-Lyon.................. —	400	1040 »	558 75	980 »	810 »	1067 50	785 »	1250 »	915 »	1505 »	1080 »	400

1852 à 1856. (Suite.)

RÉFÈR.	PAIR OU TAUX	DÉNOMINATION des VALEURS.	RÉFÈR.	1852.		1853.		1854.		1855.		1856.		RÉFÈR.
				plus haut.	plus bas.	plus haut.	plus bas.	plus haut.	plus bas.	plus haut.	plus bas.	plus haut.	plus bas.	
401	500	Ouest.................................	—	401	810 »	580 »	812 50	645 »	682 50	538 75	640 »	618 75	980 »	715 »	401
402	500	Blesmes-St-Dizier-Gray............	—	402	625 »	510 25	585 »	497 50	»	»	»	»	»	»	402
403	500	Lyon-Méditerranée...................	—	403	865 »	560 »	860 »	660 »	887 50	615 »	1360 »	840 »	1830 »	1200 »	403
404	500	Dijon-Besançon.......................	—	404	650 »	525 »	600 »	502 50	725 »	470 »	690 »	690 »	»	»	404
405	500	Paris-Caen-Cherbourg...............	—	405	690 »	337 50	652 50	560 »	580 »	390 »	720 »	500 »	»	»	405
406	500	Paris-Orléans (Nouvelles actions)..	—	406	1300 »	925 »	1300 »	980 »	1260 »	1005 »	1247 50	1085 »	1435 »	1090 »	406
407	Néant.	— Actions de jouissance		407	»	»	»	»	850 »	700 »	860 »	710 »	900 »	725 »	407
408	500	Midi et canal latéral................	—	408	700 »	580 »	685 »	520 »	632 50	470 »	770 »	575 »	825 »	635 »	408
409	500	— Nouvelle émission..		409	»	»	»	»	»	»	»	»	790 »	655 »	409
410	500	Graissessac-Béziers.................	—	410	532 50	320 »	523 »	487 50	435 »	415 »	500 »	440 »	670 »	440 »	410
411	500	Grand-Central (Lyon-Bordeaux)....	—	411	»	»	565 »	500 »	532 50	375 »	665 »	505 »	767 50	535 »	411
412	500	Lyon-Genève...........................	—	412	»	»	580 »	480 »	547 50	405 »	725 »	505 »	843 75	645 »	412
413	500	Saint-Rambert-Grenoble............	—	413	»	»	»	»	487 50	400 »	540 »	422 50	737 50	492 50	413
414	500	Ardennes-Oise........................	—	414	»	»	»	»	»	»	560 »	492 »	700 »	480 »	414
415	500	Montluçon-Moulins...................	—	415	»	»	»	»	»	»	590 »	560 »	587 50	557 50	415
416	500	Bessèges-Alais........................	—	416	»	»	»	»	»	»	»	»	750 »	750 »	416
417	500	Anvers-Gand..........................	—	417	515 »	245 »	365 »	362 50	»	»	»	»	»	»	417
418	500	Charleroi-Erquelinnes...............	—	418	375 »	225 »	»	»	»	»	»	»	»	»	418
419	500	Manage à Erquelinnes (Centre)....	—	419	»	»	»	»	»	»	520 »	510 »	720 »	525 »	419
426	500	Chemins autrichiens.................	—	426	»	»	»	»	»	»	517 50	542 50	957 50	691 25	426
427	250	Ouest-Suisse.........................	—	427	285 »	253 50	»	»	»	»	»	»	»	»	427
443	500	Central-Suisse.......................	—	443	522 50	390 »	521 25	495 »	486 »	420 »	465 »	460 »	650 »	410 »	443
444	500	Victor-Emmanuel.....................	—	444	»	»	510 »	450 »	470 »	425 »	527 50	405 »	650 »	480 »	444
445	1000	Naples-Nocéra-Castellamare.......	—	445	540 »	500 »	595 »	525 »	»	»	530 »	445 »	695 »	500 »	445
446	1000	Centre-Italie.........................	—	446	1045 »	1000 »	1002 50	935 »	»	»	»	»	1010 »	1040 »	446
447	250	Turragone-Reus......................	—	447	»	»	»	»	»	»	»	»	330 »	320 »	447
448	Néant.	Éventualités de Lyon-Avignon.....		448	31 25	11 50	43 75	25 »	»	»	»	»	»	»	448
449	Néant.	— de Bordeaux-Cette....		449	25 »	15 »	21 75	15 50	»	»	»	»	»	»	449
460	Néant.	— Fampoux-Hazebrouck		460	24 »	23 50	»	»	»	»	»	»	»	»	460
461	500	Télégraphe électriq. Manche. Lord de Mauley et C.e		461	650 »	560 »	580 »	525 »	»	»	400 »	400 »	»	»	461
463	5000	Canal d'Aire à La Bassée...........		463	»	»	»	»	7000 »	7000 »	»	»	»	»	463
464	Néant.	C.e des 4 canaux. Actions de jouissance..		464	247 50	122 50	158 75	155 »	»	»	»	»	»	»	464
467	Néant.	Canal de Bourgogne. Actions de jouissance...		467	240 »	107 50	197 50	185 »	»	»	»	»	»	»	467
469	1000	Soc. de la Scarpe inf. C.e Bayard de la Vingtrie et C.e		469	1000 »	1000 »	»	»	»	»	»	»	»	»	469
471	1000	Sambre française canalisée........		471	1500 »	1100 »	1500 »	1500 »	»	»	»	»	»	»	471
472	500	Canal de Roanne à Digoin.........		472	»	»	»	»	»	»	»	»	»	»	472
479	400	C.e gén. de Guadalquivir. Partington et C.e		479	106 25	104 »	»	»	»	»	»	»	»	»	479
482	332	Canalisation de l'Èbre..............		482	»	»	550 »	422 50	»	»	»	»	»	»	482
487	1000	Messageries générales de France. Caillard et C.e		487	»	»	625 »	625 »	»	»	»	»	»	»	487
488	500	C.e gén. des voit. de place de Paris. Delacour et C.e		488	»	»	870 »	870 »	»	»	»	»	»	»	488
489	1000	Ent. gén. des Omnibus. A. Moreau-Chaston et C.e		489	»	»	2400 »	2400 »	2200 »	2200 »	»	»	»	»	489
491	800	Entrep. génér. des Favorites. Ern. Defarmacet C.e		491	1200 »	1300 »	»	»	1800 »	1800 »	»	»	»	»	491
492	500	Entreprise des Luciennes. Richard et C.e		492	»	»	830 »	830 »	»	»	»	»	»	»	492
499	500	Société des Batignolaises. Constant et C.e		499	650 »	600 »	650 »	650 »	»	»	1110 »	700 »	945 »	760 »	499
500	125	C.e générale des Omnibus (de Paris)		500	»	»	»	»	»	»	210 »	405 »	120 »	82 50	500
504	1000	C.e imp. des voitures de Paris. E. Caillard et C.e													
504	1000	Pont, port et gare de Grenelle...		504	80 »	80 »	»	»	»	»	100 »	100 »	»	»	504

1852 à 1856. (Suite.)

REPÈRES.	PAIR OU TAUX DE REMBOURSEMENT	DÉNOMINATION des VALEURS.	REPÈRES.	1852. plus haut.	1852. plus bas.	1853. plus haut.	1853. plus bas.	1854. plus haut.	1854. plus bas.	1855. plus haut.	1855. plus bas.	1856. plus haut.	1856. plus bas.	REPÈRES.
522	500	Paquebots bordelais............................	522	......	......	533 75	347 50	......	......	......	......	......	......	522
523	500	C.ie de nav. de l'Algérie. Taffe,Rodolfi, Carfuri et C.ie	523	......	......	582 50	505 »	......	......	......	......	......	......	523
524	500	C.ie gén. de nav. à vapeur. Baziu, Gay et C.ie	524	......	......	......	......	......	......	795 »	625 »	630 »	569 »	524
525	500	C.ie générale maritime.........................	525	......	......	......	......	......	......	625 »	530 »	650 »	390 »	525
526	100	Clippers français. Graham, de Linarts et C.ie	526	......	......	......	......	......	......	125 »	97 50	105 »	10 »	526
527	500	C.ie des services maritimes des Messageries imp.	527	......	......	......	......	......	......	4400 »	1330 »	1550 »	1050 »	527
528	500	C.ie franco-américaine. Gauthier frères et C.ie	528	......	......	......	......	......	......	700 »	700 »	700 »	403 »	528
537	500	Houillère de la Haute-Loire.....................	537	400 »	400 »	......	......	260 »	260 »	»	»	»	»	537
539	1000	— de la Grand'Combe et ch. de fer du Gard..	539	1760 »	515 »	1585 »	1580 »	»	»	»	»	»	»	539
540	1000	— de la Chazotte............................	540	»	»	510 »	450 »	380 »	345 »	790 »	700 »	780 »	780 »	540
542	1000	— du Centre du Fleuu......................	542	»	»	»	»	»	»	»	»	215 »	220 »	542
543	500	— de Montjoux-Saint-Étienne................	543	»	»	»	»	»	»	»	»	»	»	543
549	1000	Charb. de Pont-du-Loup-Sud....................	549	115 »	115 »	»	»	200 »	200 »	»	»	»	»	549
551	1000	Houillère de Layon et Loire.....................	551	»	»	450 »	450 »	»	»	»	»	400 »	400 »	551
552	2500	Houillère et chemin de fer d'Épinac............	552	»	»	»	»	»	»	»	»	»	»	552
554	500	C.ie des mines de la Loire......................	554	775 »	350 »	795 »	495 »	700 »	395 »	715 »	615 »	820 »	800 »	554
555	1000	C.ie houillère de Chalonnes-sur-Loire...........	555	1100 »	1100 »	600 »	500 »	510 »	450 »	780 »	555 »	970 »	790 »	555
570	»	Houillères de la Grand'Combe.................	570	»	»	680 »	500 »	510 »	450 »	610 »	610 »	625 »	625 »	570
571	1000	Mines de la Mayenne et de la Sarthe...........	571	»	»	750 »	715 »	»	»	610 »	610 »	155 »	120 »	571
579	180	Houiller. et ch. de fer de Carmaux. Mancel et C.ie	579	»	»	320 »	290 »	430 »	400 »	385 »	385 »	470 »	450 »	579
580	500	C.ie de charbonnages belges....................	580	1400 »	1340 »	»	»	»	»	»	»	»	»	580
581	500	Société charbonnière du Haut-Flenu...........	581	»	»	»	»	»	»	»	»	»	»	581
602	100	Mines de Mouzala. Boeuf et C.ie................	602	130 »	37 »	77 50	40 »	60 »	35 50	38 75	35 »	»	»	602
603	100	— de Tenès. H. Fleury et C.ie..................	603	130 »	125 »	137 50	95 »	58 75	47 50	50 »	50 »	40 »	40 »	603
604	100	— de Valdiblora et Rora......................	604	127 50	122 50	132 50	100 »	»	»	»	»	»	»	604
605	180	— de zinc de la Vieille-Montagne.............	605	500 »	290 »	760 »	460 »	520 »	400 »	480 »	330 »	380 »	328 75	605
606	1000	Société de la Nouvelle-Montagne...............	606	500 »	330 »	4475 »	730 »	»	»	»	»	»	»	606
610	250	Mines de zinc de la Meuse.....................	610	»	»	395 »	»	»	»	»	»	»	»	610
613	375	— de zinc de Stolberg.........................	613	603 50	450 »	600 »	470 »	550 »	442 50	430 »	425 »	105 »	90 »	613
614	375	— (Prusse-Rhén.) St-Paul de Singoy et C.ie	614	800 »	640 »	1185 »	787 50	»	»	»	»	»	»	614
615	750	— de zinc, fer et plomb d'Eschweiler.........	615	»	»	900 »	650 »	»	»	»	»	»	»	615
616	375	— de la Silésie...............................	616	»	»	453 75	363 »	400 »	260 »	350 »	160 »	210 »	125 »	616
622	3000	Forges de l'Aveyron (Decazeville)..............	622	2830 »	2300 »	4600 »	4000 »	2800 »	2800 »	4625 »	4500 »	5000 »	4880 »	622
623	3000	Forges d'Alais..................................	623	4730 »	4780 »	»	»	1800 »	1800 »	3000 »	2600 »	3500 »	3300 »	623
624	1000	Hauts-Fourneaux du Nord (Maubeuge)........	624	527 50	320 »	»	»	»	»	»	»	»	»	624
625	500	Mines et fonderies d'Aubin. F. et L. Riant et C.ie	625	»	»	470 »	170 »	»	»	»	»	»	»	625
626	500	Forges de la Basse-Indre. Ad. Langlois et C.ie	626	375 »	275 »	510 »	275 »	557 50	450 »	110 »	709 »	700 »	650 »	626
627	500	Hauts-Fourn. d'Horscrange. Aubé, Tronchon et C.ie	627	330 »	305 »	565 »	340 »	350 »	40 »	53 50	»	6 25	»	627
628	500	Châtillon-Commentry. Bouguret, Martenot et C.ie	628	»	»	550 »	500 »	580 »	475 »	525 »	475 »	555 »	406 »	628
629	500	Soc. minèr. et métallurgique du bassin d'Aubin.	629	»	»	»	»	»	»	570 »	510 »	»	»	629
644	230	H.-Fourn. d'Herserange et St-Nicolas. Maillard et C.ie	644	»	»	»	»	»	»	»	»	257 50	290 »	644
645	500	Hauts-Fourneaux de Montceau..................	645	775 »	665 »	900 »	750 »	895 »	750 »	715 »	725 »	715 »	700 »	645
646	500	Houillère et fonderies de zinc de Valentin-Cocq.	646	»	»	940 »	725 »	»	»	»	»	»	»	646
649	1000	Hauts-Fourneaux de la Providence............	649	»	»	1160 »	1015 »	1105 »	1105 »	1240 »	1240 »	»	»	649
650	500	Mines et forges de la Silésie....................	650	»	»	»	»	515 »	510 »	»	»	»	»	650
651	500	Galvanisation du fer. Carpentier et C.ie........	651	305 »	200 »	360 »	360 »	»	»	»	»	»	»	651
661	1000	Grilles mobiles fumivores. J.B. Taiffer et C.ie	661	»	»	1025 »	1000 »	275 »	240 »	240 »	»	85 »	45 »	661
669	250	Établissem. Cavé. Charbonnier, Bourguignon et C.ie	669	»	»	295 »	230 »	»	»	»	93 »	»	»	669

1852 à 1856. (Fin.)

REPÈRES.	PAIX OU TAUX	DÉNOMINATION des VALEURS.	REPÈRES.	1852.		1853.		1854.		1855.		1856.		REPÈRES.
				plus haut.	plus bas.	plus haut.	plus bas.	plus haut.	plus bas.	plus haut.	plus bas.	plus haut.	plus bas.	
663	500	Société J.-F. Cail et Cⁱᵉ	663	812 50	345 »	900 »	680 »	800 »	602 50	750 »	635 »	645 »	550 »	663
664	500	— Actions nouvelles	664	»	»	775 »	685 »	»	»	»	»	»	»	664
665	500	Société Milourd, A. Desprel et Cⁱᵉ	665	575 »	490 »	»	»	»	»	»	»	»	»	665
666	500	Société Ch. Christofle et Cⁱᵉ	666	»	»	915 »	600 »	»	»	»	»	»	»	666
667	100	Fonderie de Caronte. J. Luyt et Cⁱᵉ	667	»	»	105 »	102 50	32 50	28 75	25 »	25 »	»	»	667
668	500	Établis. métallurg. d'Aisne et Nord. Heurel et Cⁱᵉ	668	»	»	»	»	»	»	532 50	515 »	»	»	668
669	250	Mines réunies de Septènes. Scheel-Frisch et Cⁱᵉ	669	»	»	275 »	210 »	235 »	167 50	190 »	50 »	100 »	75 »	669
671	500	Soc. du Blanc de zinc et couleurs à base de zinc.	671	630 »	550 »	590 »	500 »	4000 »	800 »	830 »	775 »	»	»	671
672	375	Phœnix (Prusse rhénane), mines et usines.	672	»	»	1265 »	1200 »	»	»	»	»	»	»	672
679	250	Docks Louis-Napoléon	679	268 »	232 »	305 »	198 »	236 »	185 25	208 »	186 50	210 »	165 »	679
680	200	Société des deux Cirques. Dejean et Cⁱᵉ	680	»	»	»	»	»	»	»	»	215 »	102 50	680
685	400	Palais de l'Industrie	685	425 »	405 »	427 50	403 75	170 »	86 25	176 25	65 »	87 50	65 »	685
686	400	Cⁱᵉ immobilière de Paris (Rivoli)	686	»	»	»	»	125 »	116 25	170 »	112 50	135 »	90 »	686
692	2500	Gaz de Paris. Cⁱᵉ anglaise. L. Marguerite et Cⁱᵉ	692	7000 »	5075 »	6950 »	5060 »	5450 »	4780 »	5375 »	3975 »	»	»	692
693	500	— Cⁱᵉ française. Brunlon, Pillé et Cⁱᵉ	693	1285 »	860 »	1235 »	930 »	1050 »	843 75	1045 »	785 »	»	»	693
694	500	Gaz de Belleville. Paya et Cⁱᵉ	694	1400 »	1125 »	1335 »	4330 »	1130 »	4125 »	1325 »	1260 »	»	»	694
695	1000	Gaz de Paris. Cⁱᵉ parisienne. Dubochet et Cⁱᵉ	695	4225 »	1100 »	4275 »	4210 »	»	»	»	»	»	»	695
696	500	— Société Lacurrière et Cⁱᵉ	696	4075 »	775 »	»	»	»	»	»	»	»	»	696
697	500	— Cⁱᵉ du Nord. C. Gosn...'u, Brisson et Cⁱᵉ	697	»	»	675 »	675 »	»	»	»	»	»	»	697
698	500	— Cⁱᵉ de l'Ouest. Ch. Gosselin et Cⁱᵉ	698	695 »	625 »	»	»	»	»	»	»	»	»	698
709	500	L'Union des Gaz. Goldsmid, Gregory et Cⁱᵉ	709	»	»	»	»	»	»	550 »	250 »	415 »	180 »	709
710	500	Cⁱᵉ parisienne d'éclairage et de chauffage par le gaz.	710	»	»	»	»	»	»	965 »	870 »	920 »	690 »	710
711	600	Gaz de Marseille. J. Mirès et Cⁱᵉ	711	»	»	»	»	»	»	»	»	540 »	430 »	711
731	500	Filature de lin d'Amiens (Maberly)	731	895 »	»	925 »	790 »	890 »	700 »	725 »	645 »	700 »	625 »	731
739	500	Union linière. Wohrnitz et Cⁱᵉ	739	35 »	35 »	»	»	»	»	»	»	»	»	739
740	500	Comptoir de l'industrie linière. Cohin et Cⁱᵉ	740	650 »	800 »	630 »	605 »	565 »	500 »	605 »	542 50	560 »	510 »	740
741	1000	Filature rouennaise. Actions de 1ʳᵉ série.	741	982 50	930 »	945 »	860 »	»	»	»	»	»	»	741
742	1000	— Actions de 2ᵉ série.	742	»	»	»	»	300 »	300 »	»	»	»	»	742
743	450	Cⁱᵉ linière de Pont-Rémy	743	540 »	540 »	»	»	»	»	»	»	»	»	743
744	500	Société lainière. A. Outin et Cⁱᵉ	744	»	»	500 »	500 »	»	»	»	»	550 »	550 »	744
745	500	Filature de Gamaches, A. de Laire et Cⁱᵉ	745	»	»	506 25	480 »	375 »	»	»	»	10 »	10 »	745
746	50	Flax-coton. Orsi, Guibert et Cⁱᵉ	746	»	»	37 50	35 »	»	»	260 »	»	»	»	746
747	400	Filature de la Bresle	747	»	»	»	»	»	»	110 »	102 50	110 »	97 50	747
750	250	Caoutchouc durci. Richard et Cⁱᵉ	750	»	»	»	»	»	»	135 »	80 »	95 »	65 »	750
759	250	Sucreries, raffineries de la Scarpe. E. Bocquet et Cⁱᵉ	759	»	»	285 »	275 »	»	»	»	»	»	»	759
760	250	Sucrerie Bourdon. Herbet et Cⁱᵉ	760	»	»	633 »	550 »	»	»	»	»	»	»	760
770	1000	Glacières de St-Ouen, Gentilly, etc. A. Blée et Cⁱᵉ	770	470 »	470 »	»	»	180 »	160 »	»	»	270 »	202 50	770
771	250	Cⁱᵉ générale des Eaux	771	»	»	»	»	226 25	200 »	205 »	185 »	»	»	771
781	400	Société atmosphérique. De Ponthleux et Cⁱᵉ	781	»	»	»	»	»	»	112 50	105 25	110 »	100 »	781
790	500	Glaces et verreries de Montluçon. Loguay et Cⁱᵉ	790	»	»	550 »	445 »	440 »	325 »	550 »	260 »	265 »	265 »	790
791	1000	Verreries de la France et de l'étranger. L. Baron et Cⁱᵉ	791	»	»	»	»	»	»	»	»	157 50	97 50	791
793	1000	Glaces de Sainte-Marie-d'Oignies	793	1635 »	1540 »	1900 »	1800 »	1500 »	1500 »	1425 »	1425 »	»	»	793
794	375	Glaces d'Aix-la-Chapelle	794	»	»	650 »	400 »	440 »	310 »	335 »	227 50	260 »	110 »	794
805	100	Société générale de Nickelerie. Moinier et Cⁱᵉ	805	»	»	»	»	»	»	»	»	112 50	85 »	805
811	100	Dess. et comp. des substances aliment. Chollet et Cⁱᵉ	811	»	»	»	»	»	»	»	»	125 »	107 50	811

1857 à 1861.

REPÈRES.	PAIR OU TAUX de REMBOURSEMENT.	DÉNOMINATION des VALEURS.	REPÈRES.	1857. plus haut.	1857. plus bas.	1858. plus haut.	1858. plus bas.	1859. plus haut.	1859. plus bas.	1860. plus haut.	1860. plus bas.	1861. plus haut.	1861. plus bas.	REPÈRES.
		VALEURS A REVENU FIXE.												
6	100	3 0/0, 1825...................	6	71 10	68 85	74 95	67 50	72 50	56 50	71 10	67 10	70 15	66 80	6
7	100	4 1/2 0/0, 1825..............	7	87 30	83 75	91 50	82 75	87 25	86 10	96 50	93 »	97 75	90 »	7
10	100	4 0/0, 1830..................	10	83 »	79 »	85 »	79 »	90 »	78 50	87 »	81 »	87 »	80 »	10
13	100	4 1/2 0/0, 1832..............	13	95 50	90 »	98 »	89 »	98 50	87 75	98 25	94 75	99 »	91 50	13
16	100	3e emprunt, 3 0/0, juillet 1855	16	68 30	67 »	....	....	....	....	....	....	....	....	16
25	500	Emprunt, 3 0/0, mai 1859.....	25	....	....	....	....	71 60	62 70	71 30	67 25	....	....	25
27	500	Obligations du Trésor dites *trentenaires*	27	....	....	....	....	....	....	....	....	458 75	445 »	27
29	1250	Cie des 4 canaux. Actions de capital	29	1135 »	1080 »	1290 »	1150 »	1230 »	1190 »	1240 »	1200 »	1225 »	1190 »	29
30	Néant.	— Actions de jouissance	30	100 »	90 »	95 »	85 »	97 50	90 »	95 »	87 50	97 50	90 »	30
33	1000	Canal de Bourgogne. Actions de capital	33	960 »	925 »	960 »	925 »	940 »	930 »	990 »	965 »	985 »	960 »	33
34	Néant.	— Actions de jouissance	34	145 »	135 »	135 »	135 »	145 »	142 50	140 »	135 »	148 »	140 »	34
35	1000	Canal d'Arles à Bouc. Actions de capital	35	935 »	925 »	930 »	910 »	» »	» »	» »	» »	950 »	938 »	35
36	1250	Cie 3 canaux. Actions de capital	36	1130 »	1130 »	1170 »	1115 »	1175 »	1145 »	» »	» »	1175 »	1175 »	36
42	1000	Ville de Paris. Obl. 5 0/0, 1849... Emp. loterie	42	1110 »	1040 »	1250 »	1075 »	1200 »	1095 »	» »	» »	» »	» »	42
43	Néant.	Trois vieux ponts sur Seine. Annuités municipales	43	400 »	375 »	400 »	700 »	» »	» »	» »	» »	» »	» »	43
44	1000	Ville de Paris. Obl. 3 0/0, 1852... Emp. loterie	44	1010 »	1005 »	1150 »	1035 »	1135 »	1035 »	1135 »	1085 »	1130 »	1085 »	44
45	300	— 3 0/8, 1855-50	45	400 »	375 »	452 75	397 50	480 »	405 »	500 »	470 »	478 75	445 »	45
47	225	Dép. Seine. Obl. 4 0/0, 1855....	47	210 »	187 50	324 25	490 »	257 50	197 50	256 »	220 »	233 75	221 25	47
49	1000	Ville de Marseille. Emp. 4 1/2 0/0, 1839-44	49	920 »	875 »	950 »	900 »	950 »	900 »	945 »	925 »	970 »	932 50	49
50	1000	— 4 0/0, 1849. Emp. loterie	50	1050 »	1065 »	1100 »	1025 »	1100 »	1035 25	1120 »	1065 »	1100 »	1030 »	50
51	1000	— 3 0/0, 1854	51	935 »	950 »	....	....	1000 »	975 »	1035 »	1001 25	1023 »	1000 »	51
52	1000	— 5 1/4 0/0, 1858	52	....	....	1050 »	1010 »	1028 75	980 »	1030 »	1002 50	1034 25	1005 »	52
54	1000	— 3 0/0, 1859	54	....	....	....	....	1045 »	1000 »	1025 »	1000 »	1025 »	1000 »	54
55	400	Ville de Lille. Obl. 5 0/0, 1850... Emp. loterie	55	1030 »	987 50	1085 »	1000 »	1080 »	1025 »	98 25	91 25	93 »	91 25	55
56	1250	Ville de Lyon. Emp. 4 0/0, 1854	56	1010 »	972 50	1060 »	982 50	1075 75	1025 »	1095 »	1037 75	1095 »	1058 75	56
57	1250	— 4 0/0, 1857	57	....	....	....	....	1050 »	1020 »	1090 »	1037 50	1095 »	1058 75	57
58	50	Ville de Tourcoing, Roubaix. Obl. 1851 Emp. loterie	58	....	....	....	....	....	....	....	1012 50	1087 50	1052 50	58
59	1000	Ville de Rouen. Obl. 1861	59	....	....	....	....	....	....	....	....	45 »	38 75	59
												1030 »	1000 »	
60	1500	Liste-Civile. Obligations	60	1075 »	1045 »	1080 »	1050 »	1125 »	1050 »	....	....	....	....	60
64	100	Angleterre, 3 0/0. Consolidés. (Bourse de Londres)	64	94 3/8	87 1/8	98 7/8	94 1/8	97 1/2	88 7/8	95 7/8	92 1/4	94 4/8	89 3/8	64
65	100	Autriche. Lots de 1834 . Emp. loterie	65	440 »	440 »	....	....	....	....	430 »	430 »	....	....	65
66	100	— 5 0/0 anglo, 1852	66	91 1/2	86 1/2	94 1/2	88 »	94 »	76 »	83 »	72 »	74 1/2	67 1/2	66
67	100	— 5 0/0 florins, 1852	67	75 1/2	75 1/2	83 1/4	79 »	83 »	65 »	60 »	50 »	68 »	63 »	67
70	100	— 5 0/0, 1859	70	....	....	....	....	88 »	74 »	79 3/4	73 1/2	63 5/8	....	70
73	100	Belgique, 3 0/0	73	79 »	73 »	77 3/4	76 3/8	....	....	....	....	....	....	73
75	100	— 4 1/2 0/0	75	56 »	55 »	57 »	55 5/8	56 »	50 »	57 »	35 »	57 3/4	....	75
76	100	— 4 1/2 0/0	76	101 1/4	95 1/2	101 4/8	» »	100 3/4	81 »	100 »	96 1/2	102 4/2	96 1/4	76
77	100	— 5 0/0, 1852	77	99 3/4	92 3/4	....	....	....	....	....	....	....	....	77
91	100	Deux-Siciles (Naples). 5 0/0	91	114 »	108 50	115 50	110 »	114 »	102 50	108 »	78 »	80 »	67 »	91
92	100	Espagne, 3 0/0. Extérieur, 1841	92	43 1/2	39 1/4	48 3/4	41 4/9	47 1/2	37 1/8	51 »	43 1/2	51 3/8	47 1/4	92
93	100	— 3 0/0, Intérieur, 1851	93	39 3/4	33 »	49 1/4	36 1/4	45 »	31 3/8	50 »	42 »	49 »	46 »	93
95	100	Dette différée, 1851	95	25 »	23 »	31 3/8	25 1/4	34 1/2	25 »	42 »	32 1/4	45 »	39 7/8	95
94	100	Dette passive, 1851	94	6 3/8	5 »	12 1/4	5 1/2	11 3/4	6 1/4	24 1/4	11 »	23 »	15 3/4	94

1857 à 1861. (Suite.)

REPÈRES.	PAIR OU TAUX DE REMBOURSEMENT.	DÉNOMINATION des VALEURS.	REPÈRES.	1857. plus haut.	1857. plus bas.	1858. plus haut.	1858. plus bas.	1859. plus haut.	1859. plus bas.	1860. plus haut.	1860. plus bas.	1861. plus haut.	1861. plus bas.	REPÈRES.
95	100	Espagne, 3 0/0. Extérieur, 1852-56	95	101 1/3	101 1/2	45 1/2	38 »	45 »	38 »	51 »	42 1/2	50 3/4	47 1/4	95
102	100	Grèce, 5 0/0, 1832. Garantie française	102	101 7/8	101 1/2	»	»	»	»	»	»	»	»	102
103	100	— 5 0/0, 1832. Garantie russe	103	»	»	»	»	»	»	»	»	»	»	103
104	1000	Haïti Emprunt 1825 (Annuités)	104	560 »	540 »	600 »	535 »	660 »	600 »	740 »	625 »	750 »	69 »	104
105	100	Hollande, 2 1/2 0/0	105	65 3/8	63 1/2	67 1/2	63 1/2	65 1/2	63 1/2	65 1/2	62 1/2	63 1/2	62 1/2	105
106	100	— 4 0/0	106	»	»	»	»	»	»	»	»	92 7/8	»	106
115	100	Italie 5 0/0	115	»	»	»	»	»	»	»	»	72 20	64 6	115
116	100	Portugal, 3 0/0, 1852	116	90 1/2	84 »	45 3/4	45 »	45 1/2	44 1/2	46 7/8	44 1/2	46 1/4	44 1/2	116
117	100	Rome, 5 0/0	117	»	»	93 »	87 »	93 »	77 »	85 1/2	74 3/4	73 »	64 1/2	117
118	100	Russie, 4 1/2 0/0, 1849	118	97 1/2	92 »	101 »	93 3/4	99 1/2	92 »	97 1/2	91 »	93 »	89 1/2	118
121	1000	Sardes (États) Piémont, Obl. 1831. Emp. loterie	121	1030 »	1000 »	1110 »	1000 »	1050 »	975 »	1115 »	1050 »	1120 »	1060 »	121
122	1050	— Obl. 1849	122	930 »	895 »	980 »	915 »	970 »	925 »	980 »	937 50	950 »	94 »	122
123	100	— 5 0/0, 1819	123	93 50	87 »	96 »	91 »	94 »	71 75	85 »	76 25	79 »	64 60	123
124	1090	— Obl. 1850. Emp. loterie	124	935 »	880 »	990 »	940 »	945 »	915 »	980 »	950 »	970 »	930 »	124
127	100	— 5 0/0, 1853. Cert. angl.	127	90 »	87 »	92 1/2	85 3/4	84 »	81 »	83 1/2	80 »	80 1/2	76 »	127
130	100	— 3 0/0 1853	130	56 75	53 50	55 »	52 »	57 50	44 50	53 »	49 »	49 »	41 »	130
133	100	Toscane, 5 0/0, 1852	133	56 1/2	33 3/4	50 »	54 »	»	»	»	»	»	»	133
134	100	Turquie, 6 0/0, 1854	134	»	»	»	»	90 »	90 »	»	»	319 75	277 50	134
136	500	Obl. Crédit foncier. Demi 4 0/0. Emp. lot.	136	440 »	420 »	485 »	420 »	480 »	438 »	500 »	466 25	495 »	470 »	136
137	500	— 3 0/0	137	405 »	353 50	455 »	385 »	457 50	430 »	475 »	440 »	465 »	415 »	137
139	100	— Dix. 4 0/0	139	95 »	92 50	102 50	87 50	98 75	80 »	101 25	93 »	100 »	92 50	139
140	120	— 3 0/0	140	90 »	75 »	90 »	77 50	95 »	85 »	98 75	87 50	96 25	85 25	140
141	1200	Obligations communales. Entières. Promesses 3 0/0	141	950 »	900 »	1005 »	945 »	1000 »	945 »	1035 »	984 75	1030 »	995 »	141
142	500	— Cinquièmes	142	....	....	....	....	....	....	447 50	440 »	450 »	422 50	142
143	500	Obl. du Crédit colonial	143	....	....	....	....	....	....	....	....	93 50	85 »	143
145	1250	Obl. Paris-Saint-Germain, 1839, 4 0/0	145	1025 »	1020 »	1030 »	1080 »	....	....	....	....	....	....	145
146	1000	— Paris-Versailles (R. D.), 1839, 5 0/0	146	900 »	900 »	900 »	900 »	....	....	....	....	....	....	146
151	1250	— Paris-Saint-Germain, 1842-49, 4 6/8	151	945 »	930 »	1010 »	1000 »	1000 »	965 »	1020 »	950 »	1050 »	975 »	151
152	1250	— Paris-Orléans, 1842, 4 0/0	152	1020 »	980 »	1015 »	985 »	1035 »	1000 »	1050 »	1015 »	1070 »	1020 »	152
153	1250	— Paris-Versailles (R. D.), 1843, 4 0/0	153	»	»	1000 »	900 »	1000 »	1000 »	920 »	910 »	1020 »	950 »	153
155	1250	— Bordeaux-la-Teste, 1843, 4 0/0	155	»	»	»	»	985 »	900 »	»	»	»	»	155
156	1250	— Strasbourg-Bâle, 1843, 4 0/0	156	900 »	875 »	975 »	900 »	975 »	925 »	985 »	940 »	984 25	940 »	156
157	1250	— Paris-Rouen, 1845, 5.20 0/0	157	820 »	830 »	790 »	760 »	760 »	740 »	800 »	760 »	785 »	760 »	157
158	1250	— Paris-Orléans, 1845, 4 0/0	158	900 »	825 »	940 »	875 »	975 »	910 »	980 »	925 »	980 »	950 »	158
159	1250	— Rouen-Havre, 1845-47, 4 0/0	159	930 »	880 »	980 »	895 »	970 »	925 »	1000 »	950 »	980 »	930 »	159
161	1250	— Paris-Rouen, 1847-49-54, 4 0/0	161	1000 »	900 »	1010 »	880 »	1000 »	945 »	1010 »	975 »	1010 »	937 50	161
162	1250	— Paris-Orléans, 1848, 4 0/0	162	»	»	»	»	»	»	»	»	1010 »	970 »	162
163	1230	— Rouen-Havre, 1848, 4.80 0/0	163	1105 »	900 »	1025 »	1000 »	980 »	950 »	1125 »	965 »	1085 »	1045 »	163
164	1250	— Avignon-Marseille, 4 0/0	164	»	»	»	»	»	»	1070 »	1005 »	1045 »	1000 »	164
165	1250	— Montereau-Troyes, 1850, 4 0/0	165	975 »	975 »	»	»	»	»	963 »	950 »	950 »	930 »	165
168	500	— Nord, 3 0/0	168	295 »	275 75	312 50	282 50	303 »	275 »	313 75	295 »	312 50	301 25	168
169	»	— Amiens-Boulogne, 4 0/0	169	»	»	»	»	»	»	373 »	320 »	410 »	400 »	169
170	1250	— Paris-Lyon, 1852, 4 0/0	170	1010 »	950 »	1035 »	950 »	1035 »	965 »	1050 »	1005 »	1050 »	1015 »	170
171	625	— Strasbourg-Bâle, 1852, 4 0/0	171	475 »	437 50	500 »	430 »	488 75	450 »	500 »	475 »	500 »	483 »	171
173	+1250	— Ouest, 1852-54, 4 0/0	173	980 »	900 »	1000 »	900 »	1010 »	965 »	1030 »	975 »	1087 50	975 »	173
174	630	— Est, 1852, 3.84 0/0	174	480 »	435 »	500 »	455 »	496 25	457 50	505 »	480 »	507 50	483 75	174
175	400	— Ouest (Versailles R. G.), 1852, 3.75 0/0	175	250 »	(?) »	250 »	230 »	»	»	»	»	260 »	250 »	175

1857 à 1861. (Suite.)

REPÈRES.	PAIR ou TAUX de remboursement.	DÉNOMINATION des VALEURS.	REPÈRES.	1857. plus haut.	1857. plus bas.	1858. plus haut.	1858. plus bas.	1859. plus haut.	1859. plus bas.	1860. plus haut.	1860. plus bas.	1861. plus haut.	1861. plus bas.	REPÈRES.
176	500	Obl. Paris-Orléans, 3 0/0............	176	286 25	282 50	307 50	272 50	303 75	270 »	310 »	288 75	308 75	297 50	176
177	625	— Lyon-Méditerranée, 4 0/0........	177	500 »	450 »	530 »	475 »	515 »	482 50	530 »	500 »	525 »	507 50	177
178	500	— 3 0/0........	178	295 »	270 »	312 50	285 »	310 »	272 50	315 »	2.. »	316 25	301 25	178
179	500	— Paris-Orsay (Sceaux), 4 0/0.....	179	270 »	270 »	380 »	343 »	372 50	330 »	372 50	368 »	350 »	340 »	179
180	500	— Rhône-Loire, 3 0/0.............	180	295 »	282 50	305 »	272 50	302 50	278 »	310 »	290 »	310 »	297 50	180
181	625	— 4 0/0.............	181	475 »	455 »	500 »	465 »	502 50	465 »	507 50	490 »	507 50	49 25	181
182	562	— Nord (Charleroi-Erquelinnes), 4 0/0.....	182	»	»	»	»	305 »	305 »	310 »	310 »	»	»	182
183	500	— Grand-Central, 1853, 3 0/0......	183	265 »	260 »	305 »	272 50	300 »	270 »	306 25	287 50	300 »	295 »	183
184	500	— Ouest (Dieppe-Fécamp), 4 0/0...	184	»	»	360 »	265 75	360 »	330 »	390 »	360 »	375 »	335 »	184
185	500	— Lyon-Genève, 1855, 3 0/0.......	185	290 »	265 »	307 50	277 50	302 50	270 »	307 50	295 »	305 »	293 75	185
186	500	— Paris-Lyon, 3 0/0..............	186	295 »	258 75	307 50	275 »	305 »	272 50	310 »	297 50	315 »	300 »	186
187	500	— Grand-Central, 1855, 3 0/0.....	187	280 »	258 75	305 »	270 »	300 »	270 »	306 25	286 25	305 25	293 75	187
188	500	— Ouest, 3 0/0..................	188	285 »	261 25	307 50	272 50	300 »	270 »	310 »	286 25	305 »	292 50	188
189	500	— Bourbonnais, 3 0/0.............	189	282 50	262 50	307 50	275 »	300 »	267 50	310 »	267 50	308 75	297 50	189
190	500	— Midi, 3 0/0....................	190	286 25	258 75	307 50	270 »	300 »	258 75	305 »	282 50	306 25	292 50	190
191	1250	— Ouest, 1855, 4 0/0.............	191	980 »	905 »	985 »	980 »	965 »	965 »	1000 »	980 »	995 »	975 »	191
192	500	— Est, 1856, 3 0/0...............	192	285 »	256 25	310 »	272 50	300 »	270 »	305 »	265 25	303 »	291 25	192
193	250	— Graissessac-Béziers, 3 0/0.......	193	140 »	105 »	130 »	83 »	125 »	93 75	130 »	80 »	85 »	50 »	193
194	300	— Bessèges-Alais, 3 0/0...........	194	275 »	260 »	283 50	258 75	297 50	260 »	291 25	280 »	300 »	280 »	194
195	500	— Lyon-Genève, 1857, 3 0/0......	195	287 50	257 50	305 »	271 25	300 »	272 50	307 50	286 25	301 75	292 50	195
196	500	— Ardennes, 3 0/0...............	196	272 50	255 »	305 »	262 50	300 »	270 »	303 75	283 75	303 75	290 »	196
197	500	— Dauphiné, 3 0/0...............	197	»	»	307 50	270 »	300 »	270 »	305 »	283 75	305 25	292 50	197
198	500	— Paris-Méditerranée (fusion), 3 0/0...	198	»	»	310 »	274 25	301 25	267 50	308 75	285 »	308 75	293 75	198
199	500	Obl. Manage-Erquelinnes (Centre), 3 0/0..	199	»	»	262 50	260 »	»	»	»	»	273 75	262 50	199
200	500	— Guillaume-Luxembourg, 3 0/0...	200	»	»	»	»	»	»	»	»	»	»	200
201	500	— Chemins autrichiens, 3 0/0......	201	295 »	260 »	285 »	266 25	276 25	195 »	270 »	247 50	275 »	246 25	201
202	500	— Ligne d'Italie-Rhône-Simplon, 3 0/0	202	»	»	»	»	»	»	240 »	230 »	237 50	150 »	202
203	500	— Chemins Lombards-Vénitiens, 3 0/0	203	265 »	230 »	275 »	251 25	265 »	200 »	265 »	245 »	255 »	240 »	203
204	500	— Chemins Romains, 3 0/0........	204	»	»	272 50	230 »	265 »	230 »	250 »	222 50	230 »	170 »	204
205	500	— Madrid-Saragosse, 3 0/0........	205	»	»	271 »	247 50	265 »	220 »	275 75	217 50	268 75	236 25	205
206	500	— Séville-Xérès, 1859, 3 0/0.......	206	»	»	»	»	260 »	235 »	272 50	238 75	276 25	252 50	206
207	500	— Cordoue-Séville, 3 0/0..........	207	»	»	»	»	257 50	247 50	265 »	245 »	255 »	242 50	207
208	500	— Pampelune-Saragosse, 3 0/0.....	208	»	»	»	»	»	»	260 »	243 75	237 50	230 »	208
209	500	— Nord-Espagne, 3 0/0...........	209	»	»	»	»	»	»	255 »	247 »	261 25	240 »	209
210	500	— Montblanch-Reus, 3 0/0........	210	»	»	»	»	»	»	250 »	225 »	215 »	205 75	210
211	500	— Séville-Xérès, 1860, 3 0/0.......	211	»	»	»	»	»	»	»	»	237 50	230 »	211
212	500	— Chemins Portugais, 3 0/0.......	212	»	»	»	»	»	»	»	»	248 75	229 »	212
217	500	Obl. Omnibus de Paris, 5 0/0..........	217	»	»	»	»	»	»	»	»	455 »	445 »	217
218	500	— Paris de Marseille, 5 0/0........	218	525 »	485 »	507 50	425 »	500 »	470 »	510 »	470 »	500 »	460 »	218
219	500	— Messageries impériales, serv. marit., 6 0/0	219	»	»	525 75	497 50	526 25	482 50	532 50	513 75	540 »	513 75	219
220	1250	— Mines de la Loire, 4 0/0 Anciennes.	220	1075 »	1035 »	1120 »	1025 »	1130 »	1100 »	1170 »	1130 »	1170 »	1142 50	220
221	1250	— Nouvelles.	221	965 »	922 50	1010 »	930 »	1025 »	960 »	1025 »	990 »	1022 50	980 »	221
222	1200	— Mines de la Grand'Combe, 4.40/0...	222	1000 »	1000 »	1050 »	1000 »	1010 »	1010 »	1030 »	1025 »	1150 »	1050 »	222
223	1250	— 1844, 4 0/0.	223	1000 »	925 »	1050 »	1000 »	1010 »	1010 »	1030 »	995 »	1025 »	925 »	223
224	1250	— 1856, 4 0/0.	224	»	»	»	»	»	»	»	»	1018 »	905 »	224
225	500	— Vieille-Montagne, 5 0/0.........	225	440 »	430 »	450 »	412 50	452 50	440 »	475 »	425 »	447 50	425 »	225
226	600	— Aveyron (Decazeville), 1855-57, 7 4/5 0/0	226	»	»	»	»	480 »	»	480 »	430 »	260 »	250 »	226
227	312	— Châtillon et Commentry (Forges), 4.8 0/0	227	235 »	210 »	235 »	212 50	241 25	215 »	265 »	230 »	260 »	250 »	227

1857 à 1861. (*Suite.*)

REPÈRES.	PAIR OU TAUX	DÉNOMINATION des VALEURS.	REPÈRES.	1857. plus haut.	1857. plus bas.	1858. plus haut.	1858. plus bas.	1859. plus haut.	1859. plus bas.	1860. plus haut.	1860. plus bas.	1861. plus haut.	1861. plus bas.	REPÈRES.
232	500	Obl. Horme. Anciennes, 3 0/0	232	485 »	435 »	445 »	422 50	460 »	435 »	460 »	447 50	482 50	470 »	232
233	300	— Nouvelles, 5 0/0	233	255 »	233 75	267 50	250 »	273 »	260 »	280 »	265 »	282 50	265 »	233
234	1000	— Lits militaires, 5 0/0	234	930 »	930 »	920 »	920 »	925 »	925 »	940 »	940 »	»	»	234
235	450	J.-F. Cail et Cⁱᵉ, 4.44 0/0	235	.....	.....	.....	.....	406 25	405 »	415 »	392 50	413 »	40 »	235
236	625	Rue Impériale de Lyon, 4 0/0	236	.....	.....	.....	.....	523 75	500 »	545 »	517 50	545 »	53 »	236
237	625	Rue de la Bourse à Lyon	237	487 50	485 75	536 25	485 75	.....	.....	510 »	505 75	497 50	495 »	237
238	625	Cⁱᵉ immobilière de Saint-Étienne	238	.....	.....	.....	.....	.....	.....	500 »	487 50	450 »	450 »	238
239	500	Docks et entrepôts de Marseille, 3 0/0	239	.....	.....	.....	.....	.....	.....	282 50	255 »	287 50	272 50	239
240	500	— du Havre, 3 0/0	240	.....	.....	.....	.....	.....	.....	.....	.....	261 25	260 »	240
241	500	Cⁱᵉ immobilière de Paris (Rivoli), 3 0/0	241	.....	.....	.....	.....	.....	.....	.....	.....	290 »	263 75	241
242	300	Gaz de la Guillotière, Valse et Lyon	242	.....	.....	.....	.....	.....	.....	266 25	266 25	275 »	275 »	242
243	300	Gaz de Lyon, 5 0/0	243	295 »	295 »	320 »	»	320 »	305 »	317 50	301 25	345 »	308 75	243
244	500	Gaz de Paris, 5 0/0	244	.....	.....	497 50	400 »	462 50	407 50	477 50	440 »	462 50	460 »	244
245	500	Eaux de Paris, 5 0/0	245	.....	.....	.....	.....	267 50	250 »	293 75	247 50	297 50	280 »	245
		VALEURS A REVENU VARIABLE.												
249	1000	Banque de France	249	4600 »	2730 »	3500 »	3075 »	3080 »	2500 »	2980 »	2750 »	2980 »	2» »	249
251	1000	— Nouvelle émission	251	3250 »	2720 »	3300 »	3000 »	.....	.....	.....	.....	20 »	»	251
252	500	Caisse hypothécaire	252	37 50	23 15	»	»	20 »	15 »	25 »	20 »	20 »	»	252
267	1000	Caisse commerciale. *Bechel, Dethomas et Cⁱᵉ*	267	446 »	380 »	400 »	300 »	400 »	350 »	410 »	347 50	420 »	» 50	267
269	500	Comptoir d'escompte de Paris	269	733 »	650 »	735 50	680 »	710 »	330 »	605 »	605 »	622 50	» 50	269
270	500	— Nouvelle émission	270	.....	.....	.....	.....	.....	.....	635 »	610 »	637 50	6 »	270
272	500	Crédit foncier de France	272	635 »	500 »	680 »	580 »	725 »	580 »	955 »	745 »	1300 »	» 25	272
274	500	Cⁱᵉ génér. des caisses d'escompte. *A. Prost et Cⁱᵉ*	274	512 50	210 »	165 »	25 »	.....	.....	.....	.....	.....	.....	274
275	500	Société générale du Crédit mobilier	275	1487 50	670 »	1057 50	557 50	955 »	505 »	815 »	637 50	792 50	»30	275
276	800	Caisse commerciale de St-Quentin. *Lécuyer et Cⁱᵉ*	276	680 »	580 »	580 »	540 »	560 »	520 »	550 »	530 »	545 »	50 »	276
278	500	Sous-comptoir des entrepreneurs	278	.....	.....	.....	.....	.....	.....	121 25	55 »	140 »	» 25	278
280	100	Comptoir central *V.-G. Bonnard et Cⁱᵉ*	280	156 25	112 30	135 »	55 »	66 25	36 25	57 50	42 50	50 »	» 50	280
281	400	Caisse générale des ch. de fer. *J. Mirès et Cⁱᵉ*	281	565 »	300 »	490 »	277 50	342 50	147 50	416 25	225 »	306 »	3 25	281
282	100	Caisse centrale de l'industrie. *Ferginiotte et Cⁱᵉ*	282	165 75	130 »	142 50	95 »	105 »	77 50	77 50	50 »	» »	» »	282
283	500	Union financière et industrielle. *Saint-Paul et Cⁱᵉ*	283	527 50	370 »	505 »	415 »	490 »	70 »	420 »	393 75	70 »	50 »	283
284	500	Caisse l'Alliance. *Ch. Stokes et Cⁱᵉ*	284	530 »	520 »	500 »	360 »	.....	.....	.....	.....	.....	.....	284
285	1000	Société des nu-propriétaires	285	.....	.....	.....	.....	.....	.....	925 »	925 »	875 »	8 »	285
286	500	Société générale de crédit indust. et commercial	286	.....	.....	.....	.....	.....	.....	600 »	495 »	575 »	» 75	286
287	500	Société de crédit colonial	287	.....	.....	.....	.....	.....	.....	.....	.....	520 »	» »	287
288	500	Sous-comptoir du commerce et de l'industrie	288	.....	.....	.....	.....	.....	.....	.....	.....	510 »	4 »	288
289	325	Omnium Lyonnais	289	547 50	500 »	485 »	450 »	480 »	390 »	425 25	410 »	460 »	4 »	289
290	500	Comptoir d'escompte de Lyon. *A.-F. Collet et Cⁱᵉ*	290	530 »	500 »	560 »	530 »	565 »	360 »	555 »	555 »	652 50	» 50	290
291	500	Banque de l'Algérie	291	675 75	575 »	730 »	600 »	710 »	620 »	750 »	680 »	748 75	6 75	291
292	500	Comptoir de la Méditerranée. *Gaz Baz.a et Cⁱᵉ*	292	510 »	410 »	415 »	350 »	350 »	300 »	235 »	305 »	310 »	30 »	292
293	1000	Banque de Belgique	293	805 »	440 »	1105 »	1100 »	1085 »	1075 »	» »	» »	992 50	992 »	293
300	337	Banque du commerce et de l'indust. de Darmstadt	300	.....	.....	345 »	310 »	.....	.....	393 »	305 »	390 »	387 0	300
301	478	Crédit. cṫ. autrichien pour le commerce et l'ind.	301	.....	.....	.....	.....	.....	.....	390 »	342 50	350 »	270 »	301
303	500	Société générale du Crédit mobilier espagnol	303	.....	.....	.....	.....	512 50	472 50	509 »	450 »	498 »	41 »	303
304	500	Cⁱᵉ générale du Crédit en Espagne	304	.....	.....	.....	.....	.....	.....	.....	.....	307 50	297 50	304
307	12500	Cⁱᵉ d'assurances génér. maritimes. Act. nominat.	307	96 0/0 b	55 0/0 b	60 0/0 b	60 0/0 b	60 0/0 b	60 0/0 b	50 0/0 b	50 0/0 b	38 0/0 b	34 0/0 b	307

1857 à 1861. (Suite.)

REPÈRES	PAIR ou TAUX	DÉNOMINATION des VALEURS.		REPÈRES.	1857. plus haut.	1857. plus bas.	1858. plus haut.	1858. plus bas.	1859. plus haut.	1859. plus bas.	1860. plus haut.	1860. plus bas.	1861. plus haut.	1861. plus bas.	REPÈRES.
309	5000	Sécurité............	Ass. maritime.	309	17 0/0 b	11 0/0 b	38 0/0 b	38 0/0 b	44 0/0 b	36 0/0 b	28 0/0 b	28 0/0 b	15 0/0 b	14 0/0 b	309
310	3000	Union des Ports........	—	310	»	7 0/0 b	25 0/0 b	20 0/0 b	20 0/0 b	20 0/0 b	20 0/0 b	20 0/0 b	»	»	310
311	3000	Le Lloyd français......	—	311	32 0/0 b	30 0/0 b	34 0/0 b	29 0/0 b	30 0/0 b	20 0/0 b	15 0/0 b	15 0/0 b	28 0/0 b	28 0/0 b	311
312	5000	Océan................	—	312	»	»	»	»	»	»	30 0/0 b	30 0/0 b	»	»	312
313	5000	La Chambre...........	—	313	24 0/0 b	24 0/0 b	31 0/0 b	31 0/0 b	»	»	»	»	»	»	313
314	3000	Mélusine.............	—	314	»	»	»	»	32 0/0 b	32 0/0 b	18 0/0 b	18 0/0 b	20 0/0 b	20 0/0 b	314
320	5000	La Vigie.............	—	320	»	»	»	»	34 0/0 b	30 0/0 b	31 0/0 b	31 0/0 b	»	»	320
321	3600	La Sauvegarde........	—	321	13 0/0 b	13 0/0 b	21 0/0 b	20 0/0 b	15 0/0 b	10 c/0 b	»	»	»	»	321
322	3000	C* centrale..........	—	322	22 0/0 b	22 0/0 b	25 0/0 b	25 0/0 b	23 0/0 b	22 c/0 b	»	»	12 0/0 b	12 0/0 b	322
323	5000	La Réunion...........	—	323	23 0/0 b	19 0/0 b	25 0/0 b	20 0/0 b	14 0/0 b	14 0/0 b	12 0/0 b	12 0/0 b	12 0/0 b	12 0/0 b	323
324	3000	Comptoir.............	—	324	»	»	10 0/0 b	8 0/0 b	12 0/0 b	2 0/0 b	3 0/0 b	2 0/0 b	6 0/0 b	6 0/0 b	324
325	2300	C* marseillaise.......	—	325	pair.	pair.	pair.	pair.	17 0/0 b	17 0/0 p	»	»	»	»	325
327	5000	C* d'assur. gén. contre l'incendie.	Act. nominat.	327	720 0/0 b	720 0/0 b	735 0/0 b	725 0/0 b	740 0/0 b	740 0/0 b	800 0/0 b	800 0/0 b	820 0/0 b	800 0/0 b	327
328	1000	C* française du Phénix.	Ass. Incendie.	328	3475 »	3200 »	3450 »	3180 »	3300 »	3000 »	3300 »	3350 »	3550 »	3350 »	328
329	5000	La Nationale (ancienne C* royale).	—	329	172 0/0 b	164 0/0 b	166 0/0 b	158 0/0 b	185 0/0 b	147 1/2 0/0 b	180 0/0 b	135 0/0 b	182 1/20/0 b	175 0/0 b	329
332	6000	L'Union..............	—	332	90 0/0 b	88 0/0 b	93 0/0 b	70 0/0 b	78 0/0 b	65 0/0 b	78 0/0 b	73 0/0 b	100 0/0 b	88 0/0 b	332
333	6000	Le Soleil............	—	333	»	»	120 0/0 b	120 0/0 b	»	»	»	»	»	»	333
334	5000	La France...........	—	334	50 0/0 b	40 0/0 b	55 0/0 b	45 0/0 b	62 0/0 b	35 0/0 b	69 0/0 b	65 0/0 b	76 0/0 b	72 0/0 b	334
335	5000	L'Urbaine............	—	335	110 0/0 b	102 0/0 b	105 0/0 b	90 0/0 b	95 0/0 b	90 0/0 b	96 0/0 b	90 0/0 b	102 0/0 b	100 0/0 b	335
336	2500	La Providence........	—	336	80 0/0 b	80 0/0 b	80 0/0 b	80 0/0 b	80 0/0 b	75 0/0 b	80 0/0 b	75 0/0 b	100 0/0 b	80 0/0 b	336
345	3000	La Confiance.........	—	345	7 0/0 b	7 0/0 b	»	»	2 0/0 b	»	»	»	12 0/0 b	12 0/0 b	345
346	1000	La Paternelle........	—	346	5 0/0 b	5 0/0 b	»	»	»	»	»	»	»	»	346
347	1000	Le Nord..............	—	347	»	»	17 1/2 0/0b	17 1/2 0/0 b	»	»	»	»	»	»	347
349	7500	C* d'ass. gén. sur la vie des hommes	Act. nominat.	349	140 0/0 b	125 2/3 0/0b	165 2/3 0/0b	140 0/0 b	173 1/3 0/ub	166 2/3 0/0b	»	»	173 1/3 0/0 b	173 1/3 0/0 b	349
350	3000	L'Union.............	Ass. s. la vie.	350	15 0/0 b	12 1/2 0/0 b	12 1/2 0/0 b	9 0/0 b	15 1/2 0/0 b	14 0/0 b	20 0/0 b	20 0/0 b	20 5/0 b	20 0/0 b	350
351	5000	La Nationale (ancienne C* royale)..	—	351	26 0/0 b	»	24 0/0 b	23 0/0 b	30 0/0 b	29 0/0 b	40 0/0 b	40 0/0 b	40 0/0 b	40 0/0 b	351
355	5200	Le Phénix...........	—	355	»	»	»	»	4 0/0 p	»	2 0/0 b	2 0/0 b	»	»	355
357	500	Calsso paternelle....	—	357	10 0/0 b	10 0/0 b	»	»	»	»	»	»	»	»	357
358	500	C* d'assur. gén. contre la grêle........		358	10 0/0 p	pair.	pair.	pair.	pair.	20 0/0 p	24 0/0 p	24 0/0 p	»	»	358
370	500	Bordeaux-la-Teste....	Chem. de fer.	370	700 »	480 »	565 »	400 »	565 »	420 »	......	......	......	......	370
387	400	Nord................	—	387	1050 »	810 »	1015 »	885 »	1000 »	812 50	1000 »	890 »	998 75	940 »	387
388	400	— Actions nouvelles.	—	388	795 »	637 50	850 »	710 »	865 »	700 »	901 25	810 »	917 50	885 »	388
389	400	— Actions sorties, 1er tirage.	—	389	......	......	......	......	......	......	957 50	902 50	975 »	905 »	389
390	400	— 2e	—	390	......	......	......	......	......	......	......	......	935 »	907 50	390
393	500	Est (Paris-Strasbourg)	—	393	922 50	607 50	767 50	500 »	695 »	530 »	662 50	590 »	623 »	565 »	393
394	500	— Nouv. émiss.	—	394	862 50	693 »	......	......	......	......	......	......	......	......	394
395	Néant.	— Act. de jouiss.	—	395	......	......	......	......	......	......	250 »	200 »	230 »	195 »	395
401	500	Paris-Lyon...........	—	401	1600 »	1100 »	725 »	550 »	510 »	450 »	600 »	550 »	571 25	505 »	401
402	500	Ouest...............	—	402	885 »	692 50	»	»	»	»	»	»	»	»	402
403	500	Lyon-Méditerranée....	—	403	2195 »	1725 »	»	»	»	»	»	»	»	»	403
406	400	Paris-Orléans. Nouvelles actions..	—	406	1575 »	1345 »	1440 »	1167 50	1446 »	1093 75	1420 »	1300 »	1432 50	1275 »	406
407	Néant.	— Act. de jouissance.	—	407	930 »	830 »	235 »	800 »	920 »	825 »	955 »	815 »	1045 »	930 »	407
408	300	Midi et canal latéral.	—	408	576 25	512 50	615 »	465 »	580 »	395 »	530 »	490 »	540 »	497 50	408
409	300	— Nouv. émission.	—	409	580 »	693 »	......	......	......	......	......	......	......	......	409

1857 à 1861. (Suite.)

REPÈRES.	PAIR OU TAUX remboursement	DÉNOMINATION des VALEURS.	REPÈRES.	1857. plus haut.	1857. plus bas.	1858. plus haut.	1858. plus bas.	1859. plus haut.	1859. plus bas.	1860. plus haut.	1860. plus bas.	1861. plus haut.	1861. plus bas.	REPÈRES.
410	500	Graissessac-Béziers........ Ch. de fer.	410	617 50	275 »	427 50	400 »	205 »	120 »	170 »	67 50	85 »	26 75	410
411	500	Grand-Central (Lyon-Bordeaux)... —	411	631 25	385 »	636 25	635 »	»	»	»	»	»	»	411
412	500	Lyon-Genève............... —	412	675 »	568 75	732 50	565 »	620 »	400 »	535 »	345 »	448 75	327 50	412
413	500	Saint-Rambert-Grenoble.... —	413	730 »	490 »	572 »	533 »	»	»	»	»	»	»	413
414	500	Ardennes................... —	414	602 50	400 »	502 50	416 75	550 »	445 »	460 »	428 75	430 »	350 »	414
415	500	— Actions nouvelles...	415	500 »	435 »	525 »	435 »	517 50	440 »	490 »	435 »	437 50	360 »	415
416	500	Bossèges-Alais............. —	416	580 »	575 »	615 »	400 »	500 »	430 »	440 »	400 »	500 »	350 »	416
417	500	Paris-Lyon-Méditerranée. Act. lib.	417	965 »	780 »	915 »	710 »	947 50	747 50	950 »	817 50	1047 50	882 75	417
418	500	— Act. D. lib.	418	835 »	775 »	815 »	755 »	»	»	»	»	»	»	418
419	500	Dauphiné, Ancien.......... —	419	»	»	570 »	460 »	530 »	430 »	»	»	»	»	419
420	500	— Nouveau........ —	420	»	»	»	»	650 »	515 »	630 »	565 »	581 25	523 75	420
421	500	Lyon-Croix-Rousse......... —	421	»	»	»	»	»	»	533 75	290 »	532 50	320 »	421
422	500	Chemins algériens.......... —	422	»	»	»	»	»	»	»	»	470 »	420 »	422
423	500	Monage-Erquelinnes (Centre)... Ch. de fer.	423	»	»	400 »	400 »	»	»	»	»	»	»	423
424	500	Hainaut et Flandre.......... —	424	»	»	»	»	55 »	330 »	»	»	»	»	424
425	500	Guillaume-Luxembourg...... —	425	»	»	»	»	»	»	415 »	325 »	330 »	210 »	425
426	500	Chemins autrichiens........ —	426	800 »	635 »	770 »	615 »	535 »	327 50	530 »	450 »	523 75	446 25	426
427	500	— Lombards-Vénitiens, etc...	427	675 »	550 »	662 50	565 »	582 50	412 50	570 »	452 75	548 75	453 75	427
428	500	— François-Joseph........	428	535 »	445 »	522 50	450 »	545 »	460 »	»	»	»	»	428
429	500	— Russes. Non libérés.....	429	522 50	487 50	530 »	497 50	520 »	485 »	498 75	447 50	440 »	392 50	429
430	500	— Libérés.......	430	»	»	»	»	490 »	467 50	455 »	427 50	430 »	375 »	430
431	500	Ouest-Suisse............... —	431	534 25	395 »	470 »	395 »	400 »	265 »	283 50	200 »	215 »	140 »	431
432	500	Central-Suisse.............. —	432	540 »	450 »	500 »	440 »	451 25	350 »	447 50	410 »	440 »	410 »	432
433	500	Nord-Est-Suisse............ —	433	505 »	485 »	488 »	470 »	»	»	»	»	»	»	433
434	500	Victor-Emmanuel........... —	434	680 »	465 »	530 »	295 »	440 »	315 »	440 »	361 25	390 »	330 »	434
435	500	Chemins Romains.......... —	435	590 »	475 »	515 »	455 »	»	»	»	»	»	»	435
436	400	Tarragone-Reus............ —	436	»	»	430 »	390 »	410 »	245 »	375 »	310 »	340 »	160 »	436
437	250	Madrid-Saragosse-Alicante. Non lib.	437	235 »	220 »	235 »	195 »	»	»	»	»	125 »	105 »	437
438	500	— Libérés.	438	505 »	293 75	550 »	445 »	500 »	375 »	572 50	442 50	575 75	512 50	438
439	500	Cordoue-Séville............ —	439	»	»	530 »	510 »	550 »	512 50	535 »	475 »	513 50	410 »	439
440	500	Nord-Espagne.............. —	440	»	»	»	»	505 »	440 »	480 »	300 »	455 »	440 »	440
441	500	Séville-Xérès-Cordoue...... —	441	»	»	»	»	505 »	480 »	502 50	415 »	480 »	415 »	441
442	513	Saragosse-Barcelone....... —	442	»	»	»	»	»	»	472 50	400 »	460 »	328 75	442
443	500	Pampelune-Saragosse...... —	443	»	»	»	»	»	»	505 »	400 »	490 »	318 75	443
444	500	Montblanch-Reus........... —	444	»	»	»	»	»	»	500 »	500 »	500 »	»	444
445	325	Gros de Valencia-Almanza.. —	445	»	»	»	»	»	»	340 »	327 50	»	»	445
446	500	Chemins portugais......... —	446	»	»	»	»	»	»	»	»	470 »	370 »	446
447	500	Télégr. électr. Manche, Sir James Carmichael et Cie	447	»	»	500 »	500 »	360 »	360 »	»	»	»	»	447
448	5000	Canal d'Aire à La Bassée....	448	»	»	»	»	6000 »	6000 »	»	»	»	»	448
449	1000	Canal de jonction de la Sambre à l'Oise.	449	»	»	765 »	765 »	»	»	»	»	800 »	800 »	449
450	500	Canal de Roanne à Digoin...	450	100 »	100 »	»	»	»	»	»	»	»	»	450
451	Néant.	Cie des 4 canaux. Navig. de l'Oise. Act. de jouissance.	451	»	»	»	»	1900 »	1900 »	410 »	410 »	»	»	451
452	500	Canal de Givors............	452	575 »	375 »	»	»	»	»	»	»	517 50	510 »	452
453	500	Tonage de la Basse-Seine et de l'Oise...	453	»	»	»	»	»	»	»	»	430 »	422 75	453
454		Canal maritime de Suez....	454	»	»	»	»	»	»	»	»	»	»	454

1857 à 1861. (Suite.)

REPÈRES.	PAIR OU TAUX de remboursement	DÉNOMINATION des VALEURS.	REPÈRES.	1857. plus haut.	1857. plus bas.	1858. plus haut.	1858. plus bas.	1859. plus haut.	1859. plus bas.	1860. plus haut.	1860. plus bas.	1861. plus haut.	1861. plus bas.	REPÈRES.
499	500	C⁰ générale des Omnibus (Paris)	499	905 »	775 »	920 »	845 »	905 »	830 »	945 »	855 »	925 »	835 »	499
500	125	C⁰ impériale des voitures de Paris. *Ducoux et C⁰*	500	94 25	45 »	55 75	30 »	45 »	20 »	78 75	40 »	73 75	50 »	500
501	100	C⁰ générale des omnibus de Londres	501	116 25	80 »	100 »	35 25	45 »	35 »	46 25	37 50	42 50	25 »	501
502	100	Omnibus de Lyon	502	75 »	37 50	45 »	40 »	56 25	37 50	70 »	50 »	70 »	56 25	502
504	1000	Pont, port et gare de Grenelle	504	»	»	»	»	150 »	150 »	»	»	»	»	504
511	450	Ports de Marseille. *Mirès et C⁰*	511	212 50	135 »	186 25	140 »	155 »	87 50	......	......	......	......	511
512	500	— (Société anonyme)	512	......	......	......	......	»	»	500 »	400 »	400 »	292 50	512
524	500	C⁰ gén. de navig. à vapeur. *Bazin, Gay et C⁰*	524	577 50	365 »	250 »	200 »	250 »	212 50	235 »	200 »	250 »	190 »	524
525	500	C⁰ générale de navigation mixte	525	......	......	......	......	»	»	420 »	300 »	320 »	405 »	525
526	500	C⁰ générale maritime	526	350 »	340 »	401 25	200 »	300 »	80 »	420 »	250 »	427 50	375 »	526
527	100	Clippers français. *Durnaud, Ducloz et C⁰*	527	32 50	15 »	......	......	»	»	......	......	......	......	527
528	100	— *Béraud, Villars et C⁰*	528	105 »	60 »	165 »	105 75	......	......	......	......	......	......	528
529	500	C⁰ des services maritimes des Messageries impér.	529	1200 »	830 »	650 »	490 »	680 »	495 »	617 50	492 25	745 »	588 75	529
530	500	— — Nouvelle émission	530	......	......	......	......	510 »	498 75	592 75	490 »	680 »	561 25	530
531	500	C⁰ Franco-américaine. *Gauthier frères et C⁰*	531	535 »	40 »	56 25	5 »	»	»	2 75	3 75	»	»	531
533	500	C⁰ mar. de nav. à vapeur. *Marc Fraissinet et C⁰*	533	650 »	355 »	300 »	200 »	415 »	260 »	300 »	360 »	540 »	415 »	533
537	500	Houillère de la Haute-Loire	537	300 »	300 »	»	»	»	»	»	»	»	»	537
541	»	— de la Chazotte	541	»	»	700 »	700 »	600 »	600 »	»	»	500 »	500 »	541
546	1000	— d'Unieux et Fraisse	546	168 75	145 »	150 »	115 »	140 »	110 »	40 »	40 »	50 »	5 »	546
548	500	— de Montloux-Saint-Étienne	548	»	»	435 »	435 »	400 »	400 »	»	»	»	»	548
554	1000	— de Layon et Loire	554	»	»	400 »	400 »	»	»	»	»	»	»	554
561	2500	— et chemin de fer d'Épinac	561	»	»	»	»	1500 »	1500 »	»	»	1700 »	1700 »	561
564	»	C⁰ des Mines de la Loire	564	»	»	»	»	680 »	625 »	»	»	»	»	564
569	»	Houillère de la Grand'Combe	569	1080 »	862 »	280 »	705 »	800 »	680 »	170 »	710 »	850 »	712 50	569
571	120	— et ch.defer de Carmaux. *Manoël et C⁰*	571	102 50	97 50	115 »	47 50	73 75	45 »	68 75	55 »	»	»	571
572	750	Mines et chemin de fer de Carmaux	572	......	......	»	»	»	»	330 »	300 »	335 »	260 »	572
573	1000	Roche-la-Molière et Firminy	573	525 »	510 »	490 »	490 »	410 »	387 50	454 25	300 »	480 »	451 25	573
574	»	Houillère du Ban Lafaverge	574	»	»	»	»	»	»	250 »	240 »	225 »	190 »	574
575	500	Ch. de fer et houill. de Portes et Sénéchas. *Mirès et C⁰*	575	280 »	275 »	»	»	120 »	120 »	»	»	»	»	575
576	»	Société des mines de la Loire	576	166 25	120 »	158 75	125 75	145 »	102 75	151 25	121 25	175 »	148 75	576
577	»	Montrambert et La Béraudière	577	165 »	133 75	180 75	141 25	183 75	115 »	140 »	130 »	143 25	131 25	577
578	»	Houillère de Saint-Étienne	578	102 50	120 »	130 »	120 »	131 25	110 »	134 25	125 »	163 75	147 80	578
579	»	— de Rive-de-Gier	579	301 25	267 50	285 »	245 »	210 »	216 25	240 »	193 75	225 »	190 »	579
580	500	C⁰ des charbonnages belges	580	443 75	446 75	»	»	»	»	»	»	»	»	580
601	100	Mines de Mouzaïa. *Bœuf et C⁰*	601	»	»	47 50	15 »	16 25	6 25	16 25	11 25	»	»	601
603	»	Mines de gar-Rouban et Maziz. *R. Dervieu et C⁰*	603	......	......	425 »	400 »	460 »	390 »	345 »	300 »	280 »	280 »	603
605	500	Min. et fonderies de Santander. *Chauvileau et C⁰*	605	»	»	635 »	550 »	595 »	465 »	160 »	160 »	»	»	605
607	»	Mines de Kef-Oum-Thebeul	607	»	»	520 »	500 »	540 »	485 »	400 »	400 »	225 »	225 »	607
610	50	— de zinc de la Vieille-Montagne	610	185 »	125 »	317 50	325 »	350 »	280 »	295 »	285 »	250 »	200 »	610
611	375	— de zinc de Stolberg	611	105 »	80 »	»	»	»	»	50 »	50 »	»	»	611
612	375	— de zinc de la Silésie	612	285 »	165 »	255 »	185 »	190 »	85 »	170 »	145 »	150 »	100 »	612
619	3000	Forges de l'Aveyron (Decazeville)	619	3600 »	3550 »	»	»	»	»	»	»	1100 »	1000 »	619

1857 à 1861. (Suite.)

REPÈRES.	PAIR OU TAUX de REMBOURSEMENT.	DÉNOMINATION des VALEURS.	REPÈRES.	1857.		1858.		1859.		1860.		1861.		REPÈRES.
				plus haut.	plus bas.	plus haut.	plus bas.	plus haut.	plus bas.	plus haut.	plus bas.	plus haut.	plus bas.	
624	500	Forges d'Alais............................	624	550 »	550 »	350 »	350 »	» »	» »	» »	» »	» »	» »	624
625	500	— de Châtillon. *Bouguerel, Martenot et C°*	625	435 »	273 »	290 »	» »	» »	» »	233 50	190 »	225 »	165 »	625
626	250	M.-F. d'Herserange et St-Nicolas. *Maillard et C°*.	626	330 »	195 »	98 75	70 »	220 »	175 »	» »	» »	» »	» »	626
627	500	Forges et fond. de Nantes, *Buboneau, Nicolas et C°*	627	505 75	505 75	497 50	375 »	22 50	20 »	25 »	25 »	» »	» »	627
628	500	H.-Fourn. du Rhône et du Cher. *Boshville et C°*	628	220 »	100 »	» »	» »	» »	» »	» »	» »	» »	» »	628
629	»	Forges d'Allovard. *Charrière et C°*........	629	1200 »	1070 »	1079 »	1050 »	» »	» »	» »	» »	1025 »	1025 »	629
630	250	Aciéries de Firminy. *F.-F. Ferdil et C°*......	630	215 »	192 50	112 59	112 50	185 »	150 »	240 »	150 »	250 »	212 50	630
631	»	Société Prenat et C°......................	631	500 »	475 »	458 »	440 »	» »	» »	» »	» »	» »	» »	631
632	»	Forges de Pont-Évêque-Vienne............	632	300 »	273 50	305 »	275 »	280 »	205 »	190 »	185 »	280 »	177 50	632
633	500	H.-Fourneaux de la Côte-d'Or. *Thoureau et C°*	633	602 50	350 »	366 »	360 »	» »	» »	» »	» »	» »	» »	633
634	»	Forges et chantiers de la Méditerranée.....	634	990 »	540 »	540 »	535 »	645 »	350 »	758 75	630 »	890 »	728 75	634
635	500	— de la Franche-Comté, *A. Vautier et C°*.	635	502 50	340 »	» »	» »	» »	» »	185 »	115 »	192 50	120 »	635
636	»	— de Fourchambault. *Boigues, Rambourg et C°*	636	505 »	430 »	451 »	290 »	350 »	160 »	245 »	195 »	315 »	230 »	636
637	500	Fonderies et forges de l'Horme............	637	550 »	485 »	720 »	525 »	695 »	520 »	590 »	455 »	730 »	485 »	637
638	»	Forges du Creusot. *Schneider et C°*........	638	890 »	795 »	845 »	710 »	817 50	720 »	773 50	600 »	633 75	587 50	638
639	»	— de la mar. et desch. fer. *Petin, Gaudet et C°*	639	545 »	460 »	500 »	400 »	458 75	370 »	527 50	375 »	698 75	501 25	639
640	»	— de la Loire et de l'Ardèche. Act. anciennes.	640	4250 »	3900 »	3865 »	3080 »	3650 »	3175 »	» »	» »	» »	» »	640
641	»	— Act. nouvelles.	641	431 25	403 75	400 »	310 »	380 »	330 »	» »	» »	» »	» »	641
642	»	Fonderies et forges de Bességes...........	642	4175 »	3805 »	3850 »	3000 »	» »	» »	» »	» »	» »	» »	642
643	»	Forges de Terre-Noire, La Voulte et Bességes	643	675 »	» »	» »	» »	690 »	550 »	640 »	480 »	575 »	490 »	643
644	500	Hauts-Fourneaux de Montceau.............	644	» »	630 »	750 »	710 »	710 »	680 »	710 »	600 »	540 »	350 »	644
645	500	Mines et forges de la Sambre..............	645	» »	» »	» »	» »	» »	» »	» »	» »	25 »	25 »	645
646	500	Société *Chameroy et C°*....................	646	60 »	40 »	» »	» »	705 »	700 »	» »	» »	» »	» »	646
647	250	Établissem. *Cavé. Charbonnier, Bourgougnon et C°*	647	» »	» »	» »	» »	185 »	645 »	» »	» »	» »	» »	647
648	500	Société *J.-F. Cail et C°*...................	648	650 »	540 »	725 »	640 »	» »	» »	597 50	650 »	740 »	680 »	648
649	400	Fond. de Caronte. *Besnier de la Pontonnerie et C°*	649	» »	» »	» »	» »	8 25	8 25	» »	» »	» »	» »	649
650	»	Taillerie impériale de diamants............	650	» »	» »	» »	» »	» »	» »	» »	» »	525 »	515 »	650
651	»	Chantiers et ateliers Marseillais. *Falquière et C°*	651	» »	» »	» »	» »	» »	» »	» »	» »	425 »	305 »	651
652	375	Phœnix (Prusse rhénane). Mines et usines...	652	350 »	350 »	» »	» »	» »	» »	» »	» »	» »	» »	652
653	250	Docks Louis-Napoléon....................	653	197 50	168 50	180 25	171 50	197 50	160 »	218 »	177 50	204 25	193 75	653
654	500	Entrepôts et magasins généraux de Paris....	654	» »	» »	» »	» »	» »	» »	» »	» »	600 »	500 »	654
655	500	Docks et entrepôts de Marseille............	655	» »	» »	» »	» »	» »	» »	» »	» »	500 »	451 25	655
656	500	— et entrepôts du Havre..................	656	» »	» »	» »	» »	» »	» »	» »	» »	500 »	335 »	656
657	»	Bassins de radoub à Marseille.............	657	715 »	617 50	710 »	700 »	800 »	750 »	» »	» »	» »	» »	657
658	200	Société des deux Cirques. *Dejean et C°*.....	658	» »	» »	» »	» »	» »	» »	» »	» »	245 »	160 »	658
659	100	Château des Fleurs, à Marseille...........	659	» »	» »	» »	» »	60 »	45 »	48 75	25 »	40 »	25 »	659
660	100	Palais de l'Industrie......................	660	78 75	» »	70 »	» »	» »	» »	» »	» »	» »	» »	660
661	500	C° des Abattoirs de Lyon..................	661	» »	» »	» »	» »	» »	» »	410 »	325 »	410 »	385 »	661
662	400	C° immobilière de Paris (Rivoli)............	662	110 »	90 »	105 »	92 75	110 »	80 »	147 50	98 75	150 »	120 »	662
663	500	Rue Impériale à Lyon....................	663	540 »	400 »	485 »	405 »	407 50	375 »	403 50	385 »	434 25	390 »	663
664	»	Société immobilière de Marseille...........	664	180 »	175 »	140 »	140 »	213 50	100 »	225 »	225 »	282 50	282 50	664
665	250	L'Union des gaz. *Goldsmid, Breittmeyer et C°*	665	230 »	50 »	70 »	62 50	150 »	50 »	52 50	30 »	80 »	25 »	665
666	250	— Nouvelles actions...	666	» »	» »	167 50	135 »	» »	» »	» »	» »	» »	» »	666
667	500	C° parisienne d'éclairage et de ch. par le gaz.	667	790 »	590 »	650 »	675 »	860 »	660 »	975 »	712 50	951 25	825 »	667

1857 à 1861. (Fin.)

REPÈRES.	PAIR OU TAUX de remboursement.	DÉNOMINATION des VALEURS.	REPÈRES.	1857. plus haut.	1857. plus bas.	1858. plus haut.	1858. plus bas.	1859. plus haut.	1859. plus bas.	1860. plus haut.	1860. plus bas.	1861. plus haut.	1861. plus bas.	REPÈRES.
703	500	C° paris. d'éclair. et de ch. par le gaz. Nouv. émiss.	703	....	....	....	....	....	....	....	....	916 25	865 »	703
710	500	Gaz général de Paris. Hugon et C°............	710	....	....	500 »	395 »	442 50	442 50	....	....	370 »	365 »	710
711	500	— de Marseille. J. Mirès et C°..............	711	550 »	300 »	560 »	380 »	380 »	240 »	400 »	350 »	370 »	187 50	711
712	600	— de Dijon.......................	712	1350 »	1350 »	1700 »	1700 »	»	»	»	»	»	»	712
713	700	— de Florence....................	713	102 50	102 50	»	»	404 25	404 25	375 »	365 »	535 »	535 »	713
714	500	— de la Guillotière, Vaise et Lyon.	714	1025 »	940 »	1215 »	1005 »	1625 »	1216 25	1930 »	1372 50	2000 »	1775 »	714
715	500	— de Lyon........................	715	2175 »	2065 »	2130 »	1950 »	2205 »	1910 »	2550 25	2130 »	2535 »	2305 »	715
716	250	— des trois villes du Midi........	716	»	»	»	»	1450 »	1400 »	595 »	350 »	504 25	425 »	716
719	850	— de Metz........................	719	»	»	»	»	»	»	1330 »	1330 »	1350 »	1150 »	719
720	1050	— de Montpellier..................	720	1025 »	1000 »	1130 »	1150 »	»	»	»	»	1500 »	1200 »	720
721	110	— de Naples......................	721	450 »	420 »	500 »	500 »	505 »	503 50	480 »	480 »	500 »	493 »	721
722	787	— de Reims.......................	722	530 »	530 »	501 25	500 »	560 »	560 »	630 »	625 »	»	»	722
723	500	— de Rennes......................	723	650 »	650 »	»	»	675 »	675 »	»	»	»	»	723
725	700	— de Saint-Etienne...............	725	1500 »	1500 »	1450 »	1450 »	1647 50	1600 »	1600 »	1600 »	2300 »	2150 »	725
726	504	— de Troyes......................	726	»	»	»	»	»	»	515 »	515 »	»	»	726
730	1000	— de Venise......................	730	1775 »	1775 »	1875 »	1700 »	1450 »	1450 »	1190 »	1400 »	1398 75	1300 »	730
739	500	Filature de lin d'Amiens (Maberly)..........	739	650 »	595 »	625 »	570 »	640 »	546 75	575 »	480 »	500 »	495 »	739
740	500	Comptoir de l'industrie linière. Cohin et C°.	740	550 »	540 »	560 »	485 »	500 »	475 »	500 »	490 »	500 »	500 »	740
741	450	C° linière de Pont-Rémy....................	741	»	»	»	»	»	»	»	»	378 75	378 75	741
742	100	Filature de la Bresle......................	742	30 »	20 »	40 »	40 »	25 »	25 »	....	....	....	....	742
750	100	Caoutchouc durci. Richard et C°............	750	15 »	15 »	»	»	»	»	»	»	»	»	750
760	500	Raffinerie franco-belge. Zangroniz et C°....	760	....	....	715 »	480 »	667 50	50 »	62 75	10 »	20 »	5 »	760
761	»	Usines centrales de la Guadeloupe. Miot et C°.	761	....	....	»	»	»	»	350 »	325 »	»	»	761
772	250	C° générale des eaux......................	772	210 »	165 »	245 »	197 50	235 »	180 »	340 »	215 »	385 »	300 »	772
776	»	Jardin zoologique de Marseille.............	776	»	»	250 »	185 »	235 »	200 »	210 »	190 »	210 »	170 »	776
777	250	Jardin zoologique d'acclimatation..........	777	»	»	»	»	»	»	250 »	200 »	250 »	250 »	777
785	100	C° marbr. et ind. du Maine. A. Ozou de Verrie et C°	785	102 50	15 »	6 25	3 »	»	»	»	»	»	»	785
790	440	Glaces et verreries de Montluçon. F. Berlioz et C°	790	»	»	105 »	100 »	100 »	100 »	105 »	100 »	100 »	90 »	790
791	100	Verreries de la France et de l'étr. L. Baron et C°	791	70 »	5 »	»	»	»	»	»	»	»	»	791
792	300	— de la Loire et du Rhône. Ch. Roubet et C°	792	»	»	227 50	200 »	235 »	200 »	270 »	200 »	250 »	220 »	792
794	375	Glaces d'Aix-la-Chapelle...................	794	150 »	145 »	»	»	»	»	»	»	»	»	794
809	100	Soc. générale de stéarinerie. Moinier et C°...	809	65 »	62 50	»	»	»	»	30 »	30 »	»	»	809
811	100	Dérs. et comp. des substances aliment. Chollet et C°	811	115 »	47 50	20 »	20 »	»	»	33 75	10 »	25 »	10 »	811
812	125	Produits chimiques (Marseille). Prat et C°...	812	125 »	120 »	100 »	55 »	97 50	70 »	131 25	98 75	125 »	90 »	812
813	400	Soc. gén. de produits chimiques. De Olimes et C°	813	114 50	100 »	....	....	....	....	....	....	....	....	813
817	»	Chantiers de la Buire (Lyon)...............	817	735 »	625 25	625 »	570 »	650 »	550 »	725 »	630 »	740 »	595 »	817

www.ingramcontent.com/pod-product-compliance
Lightning Source LLC
LaVergne TN
LVHW020945090426
835512LV00009B/1717